TOM KÖRBER

KIEL
Großstadt am Meer

WACHHOLTZ
MURMANN PUBLISHERS

STADT

WASSER

LEBEN

NATUR

KIEL

Die Stadt am Meer und das Licht

Kiel ist die einzige deutsche Großstadt am Meer. Das Meer, genauer gesagt die Ostsee, spielt für Kiel seit jeher eine große Rolle. Schon früh waren die Kieler in der Fischerei tätig, außerdem war der Handel schon im Mittelalter ein wichtiger Erwerbszweig der Kieler. Vor der Siedlung am Westufer in Kiel selbst gab es schon einige Dörfer am Ostufer, etwa in Heikendorf oder auf dem heutigen Gebiet Gaardens. Hier auf den fruchtbaren Böden Holsteins spielte die Landwirtschaft im Schatten des mächtigen Klosters in Preetz die Hauptrolle. Alles in allem war die Kieler Förde bereits seit über 700 Jahren eine besondere Region, weswegen es in diesem Buch auch um Kiel und die Kieler Förde geht – von Land, vom Wasser und aus der Luft.

Das Weichbild des Stadtkerns hat sich seit diesen frühen Jahren nicht viel verändert: Im Zentrum zwischen Ost und West liegt die von allen Seiten sicht- und erlebbare Förde, viele alte Straßenzüge sind heute noch erkennbar, und sogar die wenigen alten Häuser leuchten heute immer noch im »Kieler Licht«, das so typisch ist für den echten Norden.

Die Beschaffenheit von Natur und Landschaft war schon bei der Universitätsgründung 1665 mit dabei, als einer der ersten Professoren der Christian-Albrechts-Universität den Universitätsgründer und Namensgeber lobte, dieser habe »mit großer Umsicht vorhergesehen, dass die Beschaffenheit der Stadt und der Region verspreche, große Geister hervorzubringen«.

Schon früh nahmen die bildenden Künstler das besondere Licht an der Förde wahr. Der Maler Heinrich Christian August Buntzen etwa inszeniert in seinem Bild »Aussicht vom Düsternbrooker Gehölz« schon 1827, als Kiel mit nur etwa 10 000 Einwohnern noch eine ziemlich unbedeutende Provinzstadt war, seinen Blick auf Kiel mit einem besonderen Lichtstrahl. Das Thema »Licht« zieht sich durch die Kunstgeschichte der Stadt, was auch mit den stets besonderen Wolkenformen über der See zu tun hat und dem schnell wechselnden Wetter. Die Maler des 19. und 20. Jahrhunderts wie Ernst Wolperding, Adolf Lohse, Sophus Claudius oder Georg Burmester nutzten die scheinbare Idylle des Ostufers für regelrechte Licht- und Wolkeninszenierungen.

Die Fotografie in Kiel ist untrennbar mit dem Namen der Familie Renard verbunden. Seit Kiel 1867 Marinestadt zunächst Preußens, dann des Deutschen Reiches wurde, ist die Förde ein bevorzugtes Fotomotiv. Auf der einen Seite die kaiserlichen Kriegsschiffe, deren Abbildungen neben dem Erstaunen über die beträchtlichen Dimensionen der Pötte immer auch politische Aussagen waren, auf der anderen Seite aber auch die Segelboote der Kieler und ihrer Gäste. Diese dynamischen Fotos boten sich geradezu an für inszenierte Fotografien, die besonders auf die Schönheit von Boot und Umgebung – also Wasser, Himmel und vor allem Licht – setzten. Große Fotografen wie Friedrich Christian Braune, Arthur Renard, Ferdinand Urbahns und natürlich auch Friedrich Magnussen sind hier zu nennen.

Was macht Kiel heute aus? Das sind zunächst die Menschen. Dann kommt die Natur – Wasser, Strand und Land. Und die Luft. Und das Licht. Seit vielen Jahren bin ich in Kiel unterwegs und liebe ganz besonders die Randstunden des Tages: morgens, wenn der Tag noch frisch ist und die Sonne das Licht wieder neu über der Fördestadt ausgießt; oder abends, wenn das Licht noch einmal zum Tagesabschied eine Inszenierung bietet, die besonders im Dreiklang zwischen Land, Wasser und Himmel zur Geltung kommt. Sogar nachts ist das Licht über Kiel ein besonderes.

In Kiel hat in den letzten Jahren Erstaunliches stattgefunden: Die Stadt ist vor meinen Augen quasi aus einem Dornröschenschlaf erwacht. Anstatt zu sehen, was man alles nicht (mehr) hat, sind heute die Schönheiten der Stadt in das Bewusstsein der Kieler gerückt. In der Tat gibt es hier an der Förde ja Außergewöhnliches. Die Lage am Wasser tut das Ihre, die Christian-Albrechts-Universität verzeichnet seit Jahren wachsende Studierendenzahlen, so dass ständig neues Leben in die Stadt strömt. Wissenschaft, Wirtschaft, Verwaltung, Kultur und Tourismus tragen zum intellektuellen Reichtum Kiels bei, so dass für Alt- und Neukieler heute fast so etwas wie ein neues Kiel-Bewusstsein entstanden ist. Es gibt doch überraschend viele schöne Ecken in Kiel und an der Förde. Und viele der alten hässlichen Ecken Kiels sind heute renoviert, die schönen Ecken sind mit Leben gefüllt, die Wasserseite wird ständig mit neuem Leben versehen. Die Kiellinie ist attraktiv gestaltet und wird im Sommer mit dem Camp 24/7 und der Fischbar belebt, »Der alte Mann« haucht dem traditionsreichen Schifffahrtsmuseum neues Leben ein, oder das Maritime Viertel und der Anscharpark erschließen neue Viertel am Wasser. Die Hörn ist mit der Brücke, dem Museumshafen, der Halle 400 und einigen Restaurants schon gut entwickelt, und auch das Ostufer bis hoch nach Laboe gewinnt durch Investitionen hinzu. Die Menschen entwickeln Unternehmergeist, auch Freizeitbewusstsein und -wert wachsen immer weiter.

Als Fotograf ist man immer ein Meister – und Opfer – des Augenblicks. Mitunter kann man ihn auch gut vorbereiten. Wichtig beim Fotografieren ist die innere Einstellung seinem »Objekt« gegenüber. Man muss ihm mit einer gewissen Faszination, vielleicht sogar mit Liebe gegenüberstehen. Es darf sich keinesfalls um etwas Zwanghaftes handeln. Vielmehr ist die Aufgabe eines Fotografen vor allem das »Flanieren« – das Spazierengehen und das Umherschauen. Es ist gerade nicht das »Abfotografieren« von bekannten Dingen mit dem Zweck, sie einem großen Publikum bloß darzustellen. Das kann heute, im Zeitalter der digitalen Fotografie, fast jeder. Vielmehr geht es bei der Fotografie darum, in bekannten Dingen immer wieder das Neue, Faszinierende zu entdecken. Was ist am Bootshafen so besonders? Das ist gerade das Ensemble aus seiner Geschichte als zentralem Hafen der Stadt, aus seiner Inszenierung in der Gegenwart, sei es beim beliebten »Bootshafensommer« oder in der Winterzeit, und als drittes Element kommt die Umgebung hinzu, etwa der markante Rathausturm im Hintergrund oder die Menschen, die den Bootshafen bei gutem Wetter so lebendig machen. Das gilt neben dem Bootshafen natürlich genauso für andere urbane Plätze wie den Alten Markt und die Nikolaikirche, die Muthesius-Kunsthochschule und den Blücherplatz, für Forstbaumschule oder Dänische Straße, für die Kiellinie oder für die Häuser in Kiel und an der Förde mit ihren Bewohnern. Es geht bei meinen Fotografien um »Begegnungen« – wenn Objekt, Menschen und Licht aufeinandertreffen.

Seit vielen Jahren fotografiere ich in Kiel. Immer wieder aufs Neue bin ich beeindruckt von den Lichtverhältnissen dieser Stadt, die die Arbeit des Fotografen so abwechslungsreich und wertvoll machen – von der Klarheit des Lichts, von der Intensität sogar des Nebels oder von den Farbspielen der Sonne, je nach Tageszeit. Das Licht inszeniert die Stadt. Wie hat Brassaï geschrieben: »Es werden nie die Soziologen sein, die ihre Zeit beleuchten, sondern die Photographen unseres Schlags, diese Beobachter im Herzen ihrer Epoche.« Dieser Ausspruch war mein Anspruch bei diesem Buch.

Tom Körber, im Januar 2016

So wie sich Häuser, Straßen, Parkanlagen und Strände verändern, kommen wir Menschen oft genug nicht mehr recht hinterher. Das ist das »Image« von Städten – was sich in den Köpfen der Menschen festgesetzt hat. Wollen wir unsere Einstellungen überhaupt verändern? Können wir das überhaupt? Wir haben unseren Lieblingsplatz am Strand, den Lieblingsitaliener, die schönste Liegewiese im Park – wir lieben das Stetige. Das beruhigt uns.

STADT

Kiel bewegt sich. Wie in anderen Städten auch gibt es hier eine »Dynamik der Steine«. Städte, wie auch Menschen, entwickeln sich, nicht selten geht das mit Unwägbarkeiten auf beiden Seiten einher. Man verliebt sich gelegentlich neu, geht auf Entdeckungstour. Durch die Steine hindurch, zu immer neuen Ufern. Man bewegt sich aufeinander zu, sitzt, trinkt, genießt, natürlich möglichst draußen, möglichst am Meer, möglichst nah bei sich selbst. In Kiel. In der Stadt. Menschen sind.

Ein Kiel-Klassiker-Blick vom Martensdamm über den Kleinen Kiel auf Rathaus und Oper. 1904 wurde die Verbindung zwischen Bootshafen und Kleinem Kiel auf Höhe der Holstenbrücke zugeschüttet. Der 106 Meter hohe Rathausturm wurde 1911 erbaut und ist eines der zentralen Wahrzeichen Kiels. Die unglaubliche Tiefe im Bild kommt durch einen Polfilter, der das Licht verstärkt und die Luft quasi reinigt.

Eine der schönsten Einkaufsstraßen Kiels: Die Dänische Straße mit ihren schönen Geschäften verbindet den Alten Markt mit dem Schlossgarten. Auf dem Weg befinden sich das Stadtmuseum – der altehrwürdige »Warleberger Hof« –, das Nordelbische Kirchenamt und der Kilia-Brunnen, ein Hochzeitsgeschenk der Kieler für Prinz Heinrich aus dem Jahre 1888.

Die Holstenstraße trägt ihren Namen bereits seit 1525 und gehört mit der Dänischen Straße zu den ältesten Straßen der Stadt. Beide Straßen zusammen bildeten die wirtschaftlich wichtige Nord-Süd-Achse von und nach Kiel. 1953 wurde sie zur ersten Fußgängerzone Deutschlands.

Morgendlicher Einlauf der Stena Line in Kiel. Auch Jahrhunderte nach der Erstbesiedlung ist die Keilform der Förde noch gut zu erkennen. Sie gab der Stadt ihren Namen: Holstenstadt tom Kyle (Holstenstadt an der Förde). Wobei das y typisch niederdeutsch als langes i gesprochen wurde und im Laufe der Zeit auf Tom Kyle verkürzt wurde, bis schließlich nur noch Kiel übrig blieb. In der rechten Bildhälfte der alte Olympiahafen von 1936, heute »Sporthafen Düsternbrook«.

Vom Rathausturm kann man die ehemalige Insellage der Altstadt noch ganz gut erkennen. Bis 1864 gab es zwei Keile (Kiele); einen großen Kiel an der Förde und einen »Kleinen Kiel« rund um die Altstadt. Dessen Name blieb bis heute erhalten.

SHOPPING-CENTER
CINEMAXX

CAP, Bahnhof samt dazugehörigem Platz, der historische Eckmannspeicher sowie die Hörnbrücke – hier kurz vor dem Ende der Hörn entstand und entsteht das Projekt Kai-City Kiel, das aus dem ehemaligen Industriegebiet ein »modernes Dienstleistungsareal« machen soll.

Der Hörn Campus war eines der ersten Projekte, die im Rahmen von Kai-City Kiel im Jahr 2001 errichtet wurden. Die geschwungene Form des Gebäudes soll ein Segel darstellen. Ursprünglich lag die Hörn noch 200 Meter landeinwärts, aber 1886 bis 1890 wurde der Abraum aufgeschüttet, der durch die Erweiterung der Werften anfiel. Im Hörn Campus haben sich vor allem Firmen angesiedelt, die Wasserfläche ist bei Ruderern und Drachenboot-Racern beliebt.

Das Wissenschaftszentrum auf dem Ravensberg ist das Herz des neuen Wissenschaftsparks an der Universität. Es wurde auf dem ehemaligen Hagenuk-Gelände errichtet und fungiert heute als zentrale Plattform für innovative Wissenschaftler und zukünftige Wissenschaften.

Mitten in der Kieler City laufen Schiffe ein und legen wieder ab – da spielt das Wetter kaum eine Rolle. Die »Queen Elizabeth« macht da keine Ausnahme. Viermal im Jahr kommt die Königin nach Kiel. Die 2010 gebaute »QE2« ist einer von rund 15 Kreuzfahrern, die Kiel anlaufen. Schlechtes Wetter gibt's da eigentlich nicht.

Linke Seite: Ernst Barlachs »Geistkämpfer« bekam seinen Namen nicht etwa vom Künstler selbst, sondern von den Einwohnern der Stadt. Barlachs vermutlich erste Großplastik aus dem Jahr 1928 kam anfänglich nicht gut an. Im Dritten Reich wurde der »Geistkämpfer« zur entarteten Kunst, zum Glück versteckte ein Künstlerkollege das Werk, so dass es 1954 wieder aufgestellt werden konnte.

Rechte Seite: Die Nikolaikirche ist wohl das älteste, zumindest noch in Teilen erhaltene Gebäude der Stadt. Kurz nach der Stadtgründung erließ Adolf IV. zu Schauenburg und Holstein 1242 den Bau. Im Zweiten Weltkrieg schwer zerstört, wurde die Kirche durch den Architekten Gerhard Langmaack 1950 auf alten Mauern wieder aufgebaut.

Zu Kaisers Zeiten gehörte es zum guten Ton, sich mit Kunst zu beschäftigen, damit man mitreden konnte. Die Kunsthalle ist heute Kiels größtes Museum. Seit 1909 gibt die Kunsthalle ihren Besuchern ebendiese Möglichkeit – seit 2012 mit neuem Eingangsbereich.

Hinter der Bühne der Oper. Hier wird gerade die aufwendige Beleuchtung für »Carmen« eingerichtet – wie so vieles ist auch dieser Vorgang computergesteuert. Hier werden die einzelnen Positionen gespeichert, die dann während der Aufführung automatisch abgerufen werden.

Linke Seite: Lässige Livemusik, Legosteine in der Wand und eine Top-Pizza – »Die Villa« ist mehr Wohnzimmer, als alle Kneipen-Restaurant-Cafés es jemals sein könnten.

Rechte Seite: Für alle, die es nicht wissen: So sieht der Warleberger Hof von innen aus. Auf 500 Quadratmeter Ausstellungsfläche und auf drei Etagen präsentiert das Kieler Stadtmuseum die Geschichte der Stadt, zudem finden hier wechselnde Ausstellungen statt.

1904–1986
1950
1876–1933
1858/65 – um 1940/45
um 1925
um 1910

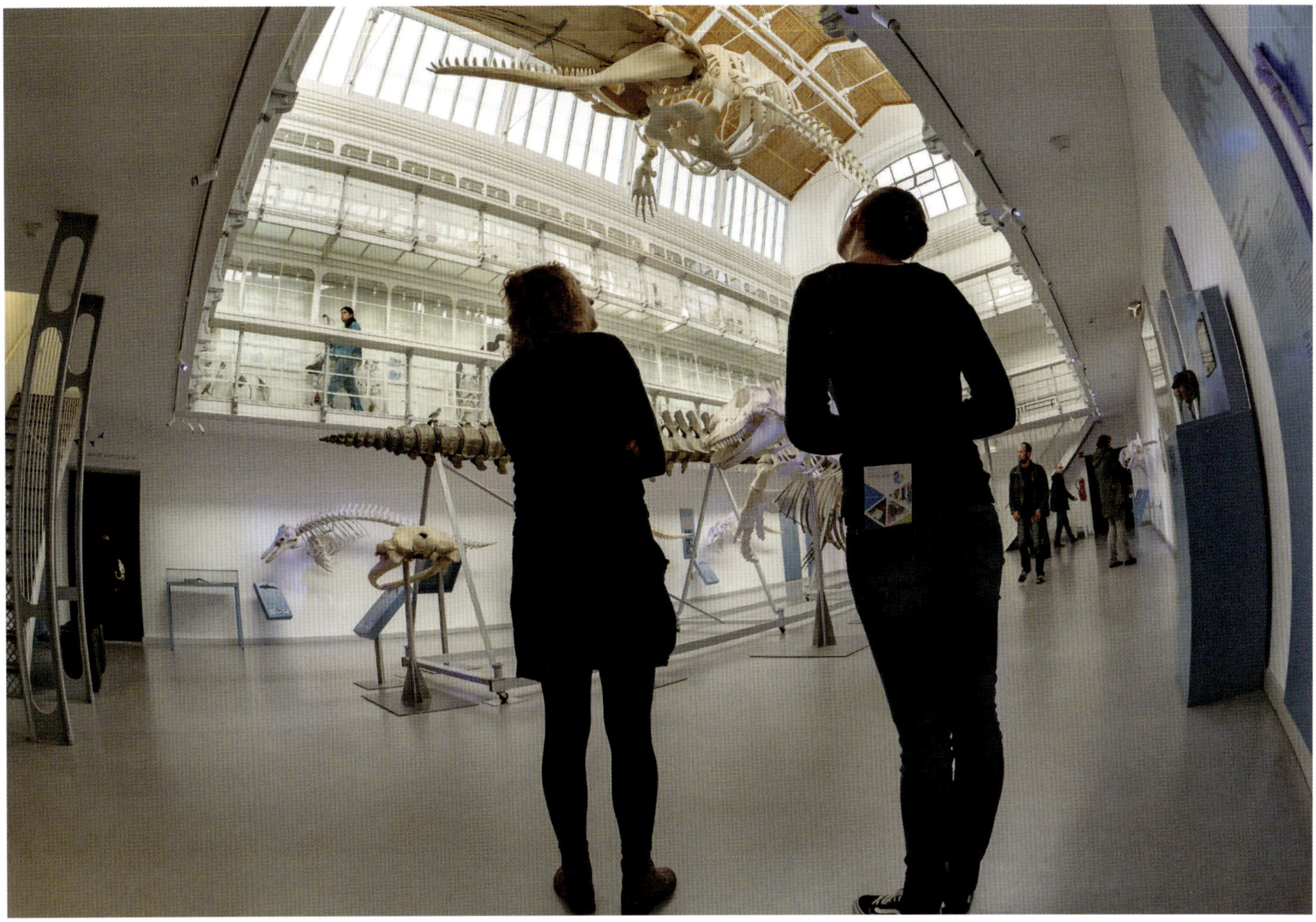

Linke Seite: Hier geht es um die maritime Geschichte der Stadt, und die ist nicht unerheblich. Seit 1978 ist das Schifffahrtsmuseum in der ehemaligen Fischauktionshalle eingerichtet – passender geht es wirklich nicht.

Rechte Seite: Es war 1881 eines der ersten seiner Art in Deutschland, das Zoologische Museum. Noch heute findet man hier das einzige Skelett eines Belugawals und das eines riesigen Pottwals neben Unikaten aus drei Jahrhunderten Forschungsreisen rund um den Globus. Übrigens gestaltete kein Geringerer als Martin Gropius die zentrale Halle, die Sie hier sehen.

Die Kiellinie, also der südliche Teil des Hindenburgufers, heißt erst seit den Olympischen Sommerspielen im Jahr 1972 so. Vorher hieß er, wie der nördliche Teil, Hindenburgufer. 2014 wurde nach einem Ratsbeschluss auch der nördliche Teil in Kiellinie umbenannt. Die Kiellinie ist die Flaniermeile Kiels, immer an der Förde längs. Damit die Wegstrecke nicht zu lang ist, kann man unterwegs Pausen einlegen, hier das »Pennekamp« vor dem IfW.

Die Bibliothek des Instituts für Weltwirtschaft gilt als die größte wirtschafts- und sozialwissenschaftliche Bibliothek weltweit. Das Institut sieht seine Hauptaufgabe in der Erforschung innovativer Lösungsansätze für weltwirtschaftliche Probleme. Grandioser Blick auf Wasser und Kiellinie inklusive.

Rudern hat Tradition in Kiel. Erste Anfänge gehen auf das Jahr 1860 zurück. 1862 dann einer der ersten Ruderclubs in Deutschland. Bis heute finden an der Kiellinie nahezu jedes Wochenende Ruderregatten statt. Trainiert wird natürlich die ganze Woche über, und zwar zwischen Hörnspitze und altem Olympiahafen.

Den früheren Oslo-Kai teilten sich die Color Line und die Fährverbindung ins dänische Langeland, die 2003 eingestellt wurde. Schon 1997 zog die Color Line an den neuen Norwegenkai am Ostufer, und so konnte der Ostseekai für die größten Kreuzfahrtschiffe erst modernisiert und dann 2007 eröffnet werden.

Joker

Linke Seite: Die Holtenauer Straße ist eine beliebte Einkaufsstraße Kiels. Hier gilt »sehen und gesehen werden«, außerdem finden hier zahlreiche Festivitäten statt – eine davon ist seit einigen Jahren die »White Night«, – die zum Uni-Jubiläum 2015 eine »Purple-White Night« war. Mitten im Sommer ziehen die Kieler an einem lauen Abend mit Tisch, Stuhl und Körben voller Essen und Trinken auf die Bürgersteige.

Rechte Seite: Der Bootshafensommer ist bei jungen Kielern und ihren Gästen sehr beliebt – Probesegeln, Feiern, Musikhören und Chillen sind hier mitten in der Stadt, bei schönstem Panorama, angesagt.

2007 wurde das 100-jährige Bestehen der Muthesius Kunsthochschule mit dem Umzug an die historische Stätte gefeiert. Kunsthochschule darf sie sich erst – nach langem Ringen – seit 2005 nennen, wobei sie als Werkkunstschule eine lange Tradition hat. Einmal im Jahr stellen die Absolventen in einer Werkschau drei Tage lang ihre Abschlussarbeiten aus – ein Fest für die Kieler Kreativen aller Couleur.

lille

Alles, was vom Kieler Schloss übrig blieb, ist der Mitte der 1960er Jahre wiederaufgebaute Westflügel, der sogenannte Rantzaubau. Ende des 19. Jahrhunderts war das Schloss noch ein Schloss und als Wahrzeichen Kiels direkt am Wasser gelegen und weithin erkennbar. In die Stadt gelangte man durch das Dänische Tor oder über die Holstenbrücke. Wobei das erste Kieler Schloss eher eine Burg und Bestandteil des Mauerrings um die Stadt war. Später war das Kieler Schloss die Residenz von Prinz Heinrich, dem Bruder Kaiser Wilhelms II. Tempi passati …

Linke Seite: Kiels Kiellinie ist nachts beinahe beeindruckender als tagsüber. Die letzte Fähre bahnt sich ihren Weg Richtung Innenstadt. Paare schlendern gedankenversunken am Wasser entlang – über allem: sommerliche Abendstille und ein behagliches Leuchten.

Rechte Seite: Früher Marineakademie, heute Sitz der Landesregierung. Seit 2003 auch mit einem gläsernen Plenarsaal. So können unsere Politiker beim Debattieren die Förde sehen und die Bürger den Politikern beim Diskutieren zuschauen. Oder nachts ein kleines Picknick genießen.

Open Air Sommer-Oper: Seit einigen Jahren findet auf dem Kieler Rathausmarkt mit wachsender Begeisterung ein Musikfestival statt, das zudem per Großleinwand an ausgewählte Orte in der Stadt übertragen wird. Am Ende folgt dann ein spektakuläres Premierenfeuerwerk über der Stadt.

Linke Seite: Die meisten Häuser der Steinstraße stammen noch aus ihrer Entstehungszeit. Im Jahr 1902 wurde sie angelegt und nach dem Freiherrn Heinrich Friedrich Karl vom und zum Stein benannt, einem führenden Politiker der preußischen Reformbewegung. Ein Wunder, dass im Zweiten Weltkrieg nur zwei Häuser zerstört wurden.

Rechte Seite: Diagonal zur Steinstraße auf der anderen Seite der Holtenauer Straße liegt die Esmarchstraße. Wie die Steinstraße ist auch sie einer der wenigen historischen Straßenzüge, die durch den Zweiten Weltkrieg nicht komplett zerstört wurden. Der Straßenzug wurde in den Jahren 1904 bis 1914 nach den Plänen des Kölner Stadtplaners Joseph Stübben angelegt.

Linke Seite: Die Alte Mühle an der Schwentinemündung befindet sich auf einem der ältesten Siedlungsgebiete Kiels. Bereits im 13. Jahrhundert wurde hier die erste Mühle errichtet. Beim Bau des heutigen Restaurants »Alte Mühle« wurden auch die historischen Rundbogengliederungen freigelegt.

Rechte Seite: Der Markt auf dem Blücherplatz, kurz »Blücher«, hat in den vergangenen fünf Jahren eine imposante Verwandlung durchgemacht, einhergehend mit der Veränderung des ganzen Viertels. Junge Familien haben aus dem verstaubten großbürgerlichen Bezirk eine trendige Ecke gemacht.

Nächste Seite: Werften haben Kiel groß gemacht, Werften haben die Stadt zu nahezu 100 Prozent zerstört. Bis heute steht die ehemalige HDW-Werft als das Wahrzeichen schlechthin für Kiel. 1838 als Maschinenbauanstalt gegründet, seit 2012 in TKMS (ThyssenKrupp Marine Systems) umbenannt und seit 2014 unter dem neuen Namen German Naval Yards firmierend, ist der Name HDW Industriegeschichte. Das Kran-Ensemble mitten in der Stadt ist freilich immer noch beeindruckend.

Meer ist Leben. An das Meer zieht es uns Menschen schon intuitiv. Auch wenn die Menschen früher meist Angst vor dem nur schwer beherrschbaren Element hatten, war das Meer doch immer Verdammnis und Verheißung zugleich. Seit über 200 Jahren schicken Ärzte Menschen ans Meer. Das Meer ist extrem, ein Meister im Geben und im Nehmen. Heute gibt das Wasser Kiel sehr viel – den Hafen, die Strände, die Schiffe und das Segeln. Kiel kann beruhigt aufatmen, das Wasser bringt Segen, bei jedem Wetter. Durch die Lage an der Kieler Förde schieben sich die Wolken durch die Stadt. Früher kamen die Stürme aus dem Norden oder dem Osten, heute kommen sie meist aus Südwest (Schietwetter) oder Südost. Der Sommerwestwind bringt stabile Wetterlagen und die heiß geliebten

WASSER

Schäfchenwolken nach Kiel. Oft herrschen an der Förde drei verschiedene Wetter: eins auf dem Westufer, ein anderes in Kiel und ein drittes am Ostufer, wo die Hügel der Probstei dem Wetter Einhalt gebieten. Und zwischen alldem bildet auch noch der Nord-Ostsee-Kanal eine Wetterscheide und bringt zusätzlich Unruhe ins Wetterschauspiel. Kiel ist eine Stadt am Wasser, lebt in großen Teilen am und vom Wasser. Neben der Förde gibt es noch die zahlreichen Seen in Parks oder in der Umgebung, etwa in Hammer oder Mönkeberg, außerdem die Eider und die Schwentine, zwei sehr malerische kleine Flüsse, die dem Westen bzw. dem Osten der Stadt ein romantisches Gesicht geben. Das Wasser in Kiel ist allerorten, von uns Menschen geliebt und genutzt.

K.O.
80
Förde Sparkasse
MSK

MSK-JA
öltenort

Vorige Seite: Jugendtraining der Möltenorter Segelkameradschaft. An der Kieler Förde gilt, dass jedes Kind segeln lernen können soll – wenn es möchte. Das ist effektive Nachwuchsarbeit in der Kiel Sailing City. Dafür sind viele günstige Programme am Start.

Ein Hauch mondäner Badekultur erlebt man in der Seebadeanstalt Düsternbrook aus den 1930er Jahren. Sie ist eine von noch drei Seebadeanstalten an der Kieler Förde, neben denen in Holtenau und Heikendorf. Heute kann man hier nicht nur das ganze Jahr über schwimmen, sondern auch (im Sommer) in der Seebar auf der Ostsee sitzen und den lieben Gott einen guten Mann sein lassen. Urlaubsgefühle mitten in der Stadt.

Kiel ist Segelsport – nicht mehr und nicht weniger. Ob Kieler Woche, Weltmeister- oder Europameisterschaften, deutsche Meisterschaften oder Olympiastützpunkt – Segeln in Kiel ist Kiel.

Nächste Seite: Der Hafen in Strande passt sich dem natürlichen Verlauf der Kieler Außenförde an. Daher ist er von allen Seiten windgeschützt, nur die Süd- und Ostseite sind jeweils mit Molen abgegrenzt.

Gerken
Druck
www.gerken-druck.de

Gucken, einfach nur gucken, die Seele baumeln lassen und das Wasser riechen. Das Leben in Kiel ist eng mit dem Wasser verbunden, das wissen nicht nur wir Menschen zu schätzen.

Aus der Luft erhält Kiel eine andere Dimension, das Wasser bekommt scheinbar karibische Einflüsse, und dem Betrachter weitet sich das Herz. Auf der linken Seite sieht er weit bis nach Schilksee am Westufer, auf der rechten Seite die Mole in Stein am sonnigen Ostufer.

Nächste Seite: Eine gen Himmel steigende Flamme sollte das Marine-Ehrenmal laut seinem Architekten Gustav August Munzer symbolisieren. Mit einer Höhe von 85 Metern könnte das fast hinkommen, inklusive einer Sicht bis nach Fehmarn und Dänemark – bei gutem Wetter. Aber das ist in Laboe sehr häufig. Die Dünenlandschaft und der Strand direkt neben dem Ehrenmal sind denn auch mehr als einen Abstecher wert.

Seit 1999 der erste deutsche Kitesurfer Drachen und Board aus Hawaii mitbrachte, hat sich der Sport zu einem Trendsport entwickelt. Dabei sollte man nicht vergessen, dass hier in Kiel und an seinen Stränden der Trend entscheidend geprägt wurde. Wer lieber zuschauen möchte, der bekommt im »El Meson Playa« in Laboe einen Logenplatz.

Wie das Wasser gehört auch der Kanal zu Kiel. Die am meisten befahrene künstliche Wasserstraße der Welt verbindet die Ost- mit der Nordsee. Der Urahn des Kanals war der Eiderkanal, den der dänische König Christian VII. von 1777 bis 1784 errichten ließ. 1864, zu Beginn des Deutsch-Dänischen Krieges, war es kein Geringerer als Bismarck, der Erkundungen für eine Verbindung zwischen Nord- und Ostsee anzustellen befahl.

Seit des Kaisers Zeiten verbindet eine Fähre die Stadtteile Holtenau und Wik – sommers wie winters. Kurz vor der Holtenauer Schleuse pendelt die »Adler« durch das Maritime Viertel, das sich auf beiden Seiten des Nord-Ostsee-Kanals erstreckt. Die aus einer Privatinitiative entstandene maritime Kulturmeile verbindet 27 Sehenswürdigkeiten miteinander und schickt sich an, ein touristischer Schwerpunkt in Kiel zu werden.

Die Kieler Förde ist durch Uferbefestigungen, Hafenanlagen und den Schiffsverkehr stark vom Menschen beeinflusst. Dennoch nutzen mindestens 30 verschiedene Fischarten die Förde als Lebensraum. Ständige Fördebewohner sind zum Beispiel der bizarre Seeskorpion und diverse Grundelarten. Dem Dorsch dient sie vor allem als Kinderstube. Angelockt vom Flusswasser der Schwentine, kommen auf ihren Laichwanderungen Lachse, Meerforellen und Heringe in die Förde – ebenso wie Flussbarsch und Hecht. Mit anderen Worten: Hier geht was als Angler.

Flüsse wie die Schwentine durchziehen das Kieler Umland wie Adern den menschlichen Körper. Sie ist mit 62 Kilometer Länge einer der längsten Flüsse Schleswig-Holsteins. Früher markierte sie die gewalttätige Trennlinie zwischen dem deutschen und dem slawischen Gebiet. Heute wird sie ausnahmslos friedlich genutzt – per Kanu, Stand-up-Paddle-Board oder bei einer Schwentinerundfahrt, die von Mai bis September stattfindet.

Sommer an der Kieler Förde geht auch ohne Sonne. Die Steiner Mole versprüht den Charme der guten alten Badezeit. Mit ihren zwei Badehäuschen und den beiden Fahnen ist sie im Sommer ein fester Treffpunkt aller maritim-glücklichen Menschen.

In einer wasseraffinen Stadt wie Kiel darf so etwas nicht fehlen: Kanupolo. Seit 1970 wird in Kiel die Mischung aus Basket- und Handball mit einer Prise Rugby gespielt. Die ersten Meisterschaften wurden in Deutschland aber schon 1927 ausgetragen, nachdem der Sport in England entstanden war.

Maritim-glückliche Menschen mögen das Meer und damit auch Kiel. So einfach ist das. Leben in Kiel bedeutet Leben am Meer. Mit dem Meer. Und von dem Meer. Smog ist den Kielern ebenso fremd wie Föhn. Wir atmen Seeluft, sonnen uns am Strand, bändigen vorlaute Winde. Verträumte Blicke Richtung Horizont, wenn dort weiße Segel auftauchen. Synchronisierte Herzschläge, wenn Wellen an den Strand laufen. Wir atmen ruhiger. Ein. Aus. Ein. Aus. Luftige Lüftchen auf unserer Haut bereiten Zuversicht, dass er niemals enden würde, dieser Tag am

LEBEN

Meer. Nicht Blut, sondern Glück durchströmt den Körper. Selbst süßlich-faulender Algengeruch wird zum sommerlichen Aphrodisiakum. Die Lichtleiste am Ende des sichtbaren Meeres zur Sommersonnenwende wird zum Versprechen, das zur Wintersonnenwende erneuert wird. Fakt ist, es geht uns besser, wenn wir am Meer sind, und noch besser, wenn wir am Meer leben. Das währt nicht nur einen Sommer lang, auch im Winter, ein Leben lang. Nur anders. Mal wieder. Aber immerdar.

AIDAluna
DAluna

Vorige Seite: Leben? In Kiel? Die Zutaten wären: Förde, Fähre, Fantasie. Vor allem bitte jede Menge: Freiheit. So mancher Sommer vergeht wie im Rausch, wenn man weiß, wie es funktioniert, das Leben.

Konzertsaal im Kieler Schloss. Früher eher verschmäht, wird er heute mit Stolz als einzigartiges Beispiel für eine gelungene Architektur der 1960er Jahre gesehen. Mit Recht, war der Architekt Herbert Sprotte doch Schüler von Hans Scharoun, dem Erbauer der Berliner Philharmonie.

Volles Haus gehört beim THW Kiel schon von Haus aus dazu. Vor allem, wenn der Tabellenzweite TSV Melsungen beim Ersten THW zu Gast in der heimischen Arena ist. Wenn dann noch gewonnen wird, weiß man, was es heißt, in einer handballverrückten Stadt zu leben.

Nein, wir sind nicht in New York, sondern in Kiel. Wie heißt es so schön? Man lebt von innen nach außen? Selten hat ein Satz so gepasst wie hier. Alle Eckwohnungen im Hochhauscenter am Germaniahafen wurden als Maisonettewohnungen konzipiert und mit einem Glaserker versehen. Über den Ausblick muss man kein Wort verlieren.

SHOPPING-CENTER
EIN

Das Kieler Leben spielt sich mitnichten nur am oder auf dem Wasser ab, denn es gibt auch viele andere schöne Orte in der Stadt. »Draußen ist das neue Drinnen« macht in einer Stadt am Meer durchaus Sinn. Auch wenn man das Meer nicht sieht, hört man häufig die Schiffe auf dem Wasser. So kommt dem Meer dann doch wieder eine prägende Bedeutung zu, selbst wenn man auf seiner Terrasse sitzt.

Am Ostufer in Möltenort, direkt an der Kieler Förde, liegt eines der interessantesten Häuser in Kiel. Das ehemalige Privathaus von Rudolf Schröder, einem der prägenden Architekten der Stadt (Goethe Schule, Max-Planck Schule oder das Arbeitsamt am Wilhelmsplatz), zieht bis heute internationale Bauhaus-Enthusiasten an die Förde. Das heute in dem Haus lebende Architektenehepaar ist sich seiner Verantwortung bewusst und steckt viel Liebe in den Erhalt – so nah am Wasser eine Sisyphusarbeit.

Nächste Seite: Weithin sichtbar thront seit 1896 Kaiser Wilhelm I. über dem Schlossgarten. Angelegt wurde der Park aber schon im 16. Jahrhundert – erst als Renaissance-, dann als Barock- und schließlich 1838 als romantischer, englischer Park. Heute aber ist er eine der wenigen weiten Flächen, über die man seinen Blick schweifen lassen kann.

Linke Seite: Um es gleich vorwegzunehmen: Der Leuchtturm in Holtenau zählt zu den schönsten Deutschlands. Seines Zeichens ist er Seezeichen (Einfahrt Nord-Ostsee-Kanal) und Gedenkstätte (Drei-Kaiser-Halle) in einem. »Drei Kaiser«, weil die Bauzeit die Amtszeit von drei Kaisern in Anspruch nahm. Im Fundament eingemauert sind Gründungsurkunde und eine Fotografie auf einer Glasplatte. Zu guter letzt kann man sich hier trauen lassen.

Rechte Seite: Der Tiessenkai in Holtenau ist benannt nach Heinrich Tiessen, dessen Name für die gute alte Zeit steht: Er war Schiffsausrüster am Nord-Ostsee-Kanal, als Aristoteles Onassis noch in Kiel Schiffe bauen ließ oder René Kollo Tiessens kompletten Champagnervorrat aufkaufte. Der 1976 nach dem Kaufmann benannte Tiessen-Kai zählt samt Schiffercafé und dem historischen Packhaus zu den im Sommer wohl maritimsten Ecken Kiels.

Stena Li

Das gab es zuletzt 1982: Aufgang eines Blutmondes. Jetzt erscheint der Mond größer und röter als sonst. Eigentlich aber sollte er gar nicht zu sehen sein, denn er befindet sich im Kernschatten der Erde. Doch die Atmosphäre streut langwelliges Licht in den Schatten, daher auch die rötliche Farbe. Und nein, das Bild ist keine Montage.

Der Kieler Yacht Club und seine segelnden Schätze. Sie wurden umfangreich und mit viel Liebe zum Detail restauriert, der KYC mit Restaurant und Hotel mit Freude, die 12m R-Yachten mit Stolz.

Nächste Seite: 17 Kilometer weit zieht sich die Kieler Förde von der Kieler Bucht in der Ostsee bis ins Landesinnere in das Stadtzentrum Kiels. Entstanden durch den Rückzug der eiszeitlichen Gletscher, liegt sie zwischen dem Dänischen Wohld im Westen und Wagrien im Osten. Ohne sie wäre Kiel wohl nie zu seinem Namen gekommen.

Das Meer und seine Strände sind in Kiel nahezu omnipräsent. Alle erdenklichen Wassersport- und Strandsportarten werden hier gelebt – vom Amateur bis zum Profi. Innerhalb von maximal einer halben Stunde ist man an einem der vielen Strände. Dass dies einer der wichtigsten Gründe ist, nach Kiel zu ziehen, hält sich zwar hartnäckig als Gerücht, konnte aber nie bewiesen werden.

Linke Seite: Das machen die (meisten) Kieler am liebsten: am Wasser sitzen und dem wassersportlichen Treiben zuschauen, den Möwen zuhören und aufpassen, dass man sauber bleibt.

Rechte Seite: Was macht man als Künstler, auch als angehender? Richtig, Muße suchen und sich von der Muse küssen lassen. Am liebsten mit ein paar Kumpels nur abhängen, so wie die drei Muthesius-Studenten hier im Schrevenpark.

Oben: Die »Fischbar«. Hier hat jeder Fisch sein eigenes Brötchen, selbst gemachte Soßen sind ebenso selbstverständlich wie regionale Produkte. Und so gab's das »Feinschmecker-Fast Food« obendrauf.

Unten: Im »Elefant am Strand« in Falckenstein beschleicht einen ein leicht griechisches Gefühl. Das mag eher an den weiß getünchten Wänden liegen als an den Temperaturen.

Oben: Industrie-Loft-Charakter versprüht das »mmhio« im alten Gebäude der Stadtwerke. Vegan. Vegetarisch. Bio? Logisch!

Unten: Das »Philine«. Ein Stück Frankreich in Kiel. Wer einmal Croissants, Kuchen und Brot aus französischem Mehl gegessen hat, weiß, warum er immer wiederkommt.

Open Air in Kiel oder: Jeder Sommer ist ein Festival. So wie hier Axel Prahl und das Inselorchester spielen Musiker beim Festival »gewaltig leise« auf der Krusenkoppel – genauer gesagt auf »Kruse sien Koppel«. Bauer Heinrich Kruse hat sie 1950 der Stadt vermacht, und sie ist bis heute die zweitgrößte Freilichtbühne in Schleswig-Holstein.

Auf der Terrasse des Hotel »Atlantic« hat man wohl einen der schönsten Blicke in Kiel. Englisch, Dänisch, Norwegisch oder Schwedisch – hier oben herrscht ein internationales Flair.

Hand aufs Herz: Sind Sie viel in der Natur, draußen am Wasser? Im Wald? Gehirne sind keine Dampfmaschinen, sie ermüden, auch beim Tabletwischen oder Smartphoneknipsen. Nach drei Tagen in der Natur arbeitet unser Gehirn um 50 Prozent besser. Hand auf's Herz, hätten Sie das gewusst? Neurowissenschaftler und Psychologen fanden heraus, dass in uns Menschen Grundlegendes vor sich geht. Wenn wir in der Natur sind. Mit anderen Worten: Wir sind gesünder. Ausgerechnet Grün ist die Farbe der Hoffnung. Da gibt es nun einiges von – in

NATUR

der Natur. Ein ganzer Wald voller Hoffnung, Flüsse voller Spiegelungen, mit etwas Hoffen sind sie gleichwohl grün. Oder blau oder gelb, das geht auch. Wer sich also draußen aufhält, dem geht's besser. Also, raus in die Natur. In die Farben. Ins Glück. Großstadtgehirne schalten auf Durchzug, Naturgehirne atmen ohne Nebenwirkungen. Wir fühlen uns besser. Hätten Sie es gewusst? Hand aufs Herz.

Wie grün ist Kiel bitte schön? Die Frage stellte ich mir, als ich die spätere Aufnahme aus zwei Bildern zusammenfügte. Selbst wenn ich das im Vordergrund liegende Projensdorfer Gehölz außer Acht ließe, gucken die hohen Häuser Kiels wie Zahnstocher aus einem riesigen Wald hervor. Wie wär's mit dem neuen Slogan »Kiel Green City«?

Linke Seite: Für mich ist er einer der Geheimtipps in Kiel, der Schwanenseepark am Ostufer. In den vergangenen Jahren aufwendig neu gestaltet, habe ich vor allem – wie hier im hinteren Teil des Parks – das Gefühl, im sommerlichen Kanada zu sein. Nun ja, das mag sich ein bisschen übertrieben lesen, aber Fakt ist, dass in diesem Teil die Natur hauptsächlich sich selbst überlassen bleibt.

Rechte Seite: Eher das Gegenteil von Geheimtipp ist der Schrevenpark. Nur in ausgesuchten Momenten, wie hier an einem Herbstmorgen, findet man hier noch Ruhe. Im Sommer könnte man ihn ohne Übertreibung »Party-Park« oder »Picknick-Park« nennen. Errichtet wurde er 1901 noch als Hohenzollernpark. Im Krieg stark zerstört, wurde er 1947 als Schrevenpark (in Anlehnung an den Schreventeich) wiedereröffnet.

Die Aufnahme täuscht. Der Kieler Leuchtturm liegt natürlich viel weiter draußen in der Kieler Förde. In alten Zeiten lagen dort Feuerschiffe, darunter auch die »Alexander von Humboldt«. Seine Energie bezieht er vom Leuchtturm Bülk. Dazwischen die Regattabahn Stollergrund, im Vordergrund die Steilküste von Marienfelde. Mit Raps. Natürlich. Ein klassischer Ostseeblick, wie ihn sich viele Menschen vorstellen.

Ein Stück Natur, das vielen kaum bis gar nicht bekannt ist: die Schilkseer Au, genauer gesagt die Seekamper Seewiesen. Das als Landschaftsschutzgebiet ausgewiesene Areal zwischen Schilksee-Dorf und Gut Seekamp entstand vor rund 20 000 Jahren in der Weichseleiszeit. Zurückgebliebenes Toteis schmolz, und es bildete sich schließlich ein Niedermoor. Früher versuchte man hier zusätzliches Weideland zu schaffen. Mit vielen Nachteilen, wie sich herausstellte. Also vernässte man es im Jahr 2000 wieder.

Linke Seite: Die Salzwiesen in Laboe. Ein weiterer Naturraum an der Kieler Förde. Menschen dürfen hier weite Teile nicht betreten – nur gucken. Die Dünenlandschaft Laboe ist ein Teil der »Erlebnistour Ostseeküste«.

Rechte Seite: Das Gerätehäuschen des damaligen Garteninspektors wurde, wie auch sein Haus, 1906 im Fachwerkstil erbaut. Neben den Urweltmammutbäumen und dem eisernen Pavillon wohl die augenscheinlichste Auffälligkeit im Alten Botanischen Garten. Ein absoluter Ruhepol in Kiel.

Mit dem Bau des damaligen Kaiser-Wilhelm-Kanals zwischen 1887 und 1895 wurde ein wichtiger Handelsweg zwischen Holtenau und Wik unterbrochen. Die heutigen Holtenauer Hochbrücken stellen bereits die dritte Brückengeneration dar, die seitdem über den Nord-Ostsee-Kanal gebaut wurden. Die erste Brücke (Prahmdrehbrücke) wurde bereits 1912 durch die Prinz-Heinrich-Brücke (Stahlbrücke) ersetzt. 1972 wurde parallel dazu die Olympiabrücke gebaut. Heute fließt nach Um- bzw. Neubau von 1992 bis 1996 der Verkehr auf 520 Metern über den Kanal.

Nächste Seite: Die Kieler Förde an ihrer engsten Stelle, der Friedrichsorter Enge. Mit nur einem Kilometer Breite wurde die Enge bereits früher von der Friedrichsorter Festung bewacht. Heute wacht nur noch der Friedrichsorter Leuchtturm über die Schifffahrt Richtung Kieler Hafen und Nord-Ostsee-Kanal. Feinde werden heute im Großen und Ganzen nicht mehr erwartet.

Tom Körber
Jahrgang 1964, ist freier Fotograf, Art-Direktor und Journalist. Er kam nach seinem BWL-Studium zum Journalismus, arbeitete u. a. beim Fernsehen und war Mitherausgeber mehrerer Wassersportmagazine. Körber produziert Kundenmagazine und gewann den Sven-Simon-Preis für das beste Sportfoto 2007.

Impressum

Fotografien und Text: Tom Körber, Kiel
Gestaltung: Wachholtz Verlag, Kiel

ISBN: 978-3-529-05130-2

Besuchen Sie uns im Internet:
www.wachholtz-verlag.de

AVOIR UN BON CHIEN

DU MÊME AUTEUR

chez le même éditeur :

MABROUK, chien d'une vie (1984)
JUNIOR, la tendresse retrouvée (1987)
L'AMOUR TENDRE, 30 confidences de 30 millions d'amis (1988)

JEAN-PIERRE HUTIN

AVOIR UN BON CHIEN

Traité d'éducation et de savoir-vivre à l'usage des chiens... et de leurs maîtres

Dessins de Michel Coudeyre

ROBERT LAFFONT

Avec mes remerciements pour leur collaboration
à Alix Desavants et Loïc Michel

Couverture : Photos Elizabeth Lemoine, « 30 Millions d'amis ».

ISBN 2-221-606911-0

Avertissement

Nos amis les chiens ont pris depuis quelques années une importance telle qu'elle gêne ceux qui n'aiment pas les « bêtes ».

Il faut se réjouir, cependant, de cette prise de conscience à l'égard d'êtres qui nous donnent l'essentiel : tendresse, affection, humour, joie de vivre, générosité, fidélité. La liste de ces bienfaits n'est pas close.

Retourné en leur faveur, le fameux proverbe allemand devient « *heureux comme un chien en France* », et les amis des bêtes des pays voisins nous envient. Pour eux, c'est bien chez nous, dans l'hexagone, qu'il fait bon vivre avec un animal ! Mais la réalité est moins rose.

Une minorité agissante de nos concitoyens dénonce, souvent avec une mauvaise foi évidente, cette présence canine dans les villes.

Il n'empêche que la vie en société exige de chacun d'entre nous un minimum de savoir-vivre.

Il en existe un dans les relations humaines. On ne voit pas pourquoi les maîtres de chiens ne devraient pas se soumettre à certaines règles eux aussi.

Comme il y a des parents mal élevés qui élèvent mal leurs enfants (la démission des premiers devient d'ailleurs affaire d'État), il y a des maîtres mal élevés qui ne donnent aucune éducation à leur compagnon à quatre pattes.

Ce sont ces derniers qui créent bien souvent les réflexes antianimaux d'une partie de la population.

Et puis, il y a une catégorie de possesseurs de chiens qui, naïfs, ignorants ou perméables aux idées reçues, croient qu'un chien doit vivre sa vie, être libre de faire ce qu'il lui plaît, « afin que sa personnalité puisse s'épanouir ».

Ceux-là se trompent lourdement et c'est également à eux que cet ouvrage s'adresse.

Après la parution de *Junior, la tendresse retrouvée* où j'avais consacré une partie importante du livre à l'éducation canine en prenant mes bergers allemands MABROUK et JUNIOR pour exemple, des centaines de lecteurs m'ont écrit afin de me faire part de leurs critiques, de leur expérience personnelle ou me suggérer telle ou telle amélioration. D'autres m'ont demandé des explications, en particulier sur certains ordres qui leur paraissaient peu clairs.

Les derniers, enfin, souhaitaient que de tels conseils fassent l'objet d'un recueil à part entière afin de mieux souligner l'importance de son contenu et du même coup atteindre plus efficacement l'objectif visé. C'est-à-dire faire en sorte que nos chiens reçoivent une éducation qui leur permette de s'insérer harmonieusement dans la société des hommes, notamment dans celle des citadins.

C'est dire que l'ouvrage que vous avez en main, fruit de mon expérience personnelle, est cette fois augmenté, enrichi par les observations des lecteurs et des téléspectateurs qui me font l'amitié de me soutenir depuis plus de quinze ans.

Jean-Pierre HUTIN

Introduction

Mabrouk et Junior n'auraient jamais pu devenir si populaires ni tenir leur rôle de vedettes s'ils n'avaient bénéficié d'une éducation solide, fondée sur une bonne discipline.

Éduquer un animal, c'est avant tout lui apprendre à obéir de manière que son existence (et celle de son maître) soit la plus heureuse et la mieux adaptée possible à l'univers humain. En matière d'éducation canine, rien n'est définitivement acquis. Si le chien est l'être vivant qui ressemble le plus à de la pâte à modeler, il n'est pas un robot. Toute sa vie, il aura envie de transgresser des interdits. Toute sa vie donc il faudra le « gymnastiquer », le faire réviser. Offrir à son animal une discipline bien

« Combien de maîtres se laissent dominer par leur chien, sous prétexte de ne pas le traumatiser ? »

comprise, accompagnée d'un certain nombre d'ordres (une douzaine que nous analyserons plus loin), c'est démontrer que l'on aime son compagnon et que l'on respecte les humains. Avec les chiens c'est un peu, toutes proportions gardées, comme avec les enfants. Satisfaire tous leurs désirs sous prétexte de ne pas les traumatiser, faire preuve du plus grand laxisme donneront naissance à des comportements agressifs et capricieux. Ne connaissez-vous pas autour de vous des gens complètement dominés par leur teckel ou leur caniche ?

Tous les jours des téléspectateurs, des lecteurs téléphonent, écrivent à l'émission, au journal, pour avouer que la vie avec leur chien n'est plus possible ; qu'ils sont à bout, qu'ils ont tout essayé (*sic*) et qu'ils ne voient que l'abandon comme ultime solution ! Pourtant le chien, lui, n'est pas responsable d'un tel conflit.

En donnant au chien des ordres, il est comblé. Cette véritable machine à aimer adore que son maître s'intéresse à lui. La pire des punitions est l'indifférence, la bouderie.

Aux États-Unis, la responsable d'un centre d'entraînement à l'obéissance conseille aux maîtres d'apprendre à leur chien à effectuer des exercices. Selon elle, « *l'obéissance leur donne un but. Elle les remet au travail* ».

Tous les chiens sont susceptibles de recevoir une bonne éducation qui en fera des compagnons obéissants, faciles à vivre et bien acceptés par la société. Et n'allez pas croire,

« Il n'est pire punition pour un chien que l'indifférence de son maître. »

« Un chien de petite race, même un York, doit être bien éduqué : un accident est si vite arrivé. »

comme certains, que tout dépend de la taille du toutou, que les sujets de petites races n'ont guère besoin de savoir-vivre, sous prétexte qu'ils ne peuvent occasionner le moindre dommage. Observez cette dame dans la rue qui se fait promener par son chien ! C'est un Yorkshire. Il tire sans cesse sur sa laisse. Cette femme croit être maîtresse de la situation puisqu'elle peut ramener le chien et la laisse à ses pieds : avec un Labrador ce serait peut-être plus dur ! Ce même York peut très bien provoquer un accident de la circulation en traversant soudainement la rue.

Dans les immeubles les aboiements et gémissements des petites races constituent une plaie pour les oreilles des voisins.

Si tous les chiens peuvent être éduqués, à moins de présenter des troubles graves du comportement — mais les cas sont rares —, quelles que soient leur race et leur âge (ce point est important si vous choisissez d'adopter un chien dans un refuge car bien souvent vous ne saurez rien de son passé), tous les êtres humains sont capables de devenir de bons maîtres.

Ce guide prétend vous donner quelques clés, fruits de ma propre expérience avec des chiens fabuleux comme Mabrouk hier et Junior aujourd'hui, mais aussi Tommy, l'Épagneul Breton, et Jimmy, bâtard hors du commun *.

---

* *Mabrouk, chien d'une vie* et *Junior, la tendresse retrouvée,* éd. Robert Laffont.

Un bon maître est d'abord quelqu'un de patient qui fait répéter sans cesse les exercices, sans jamais marquer le moindre signe d'énervement. Cette patience s'accompagne de douceur. Un geste de brutalité et le chien sera marqué à vie.

Il faut surtout et avant tout aimer son compagnon et le lui montrer. Ce dernier fera tout pour vous faire plaisir et exécutera l'exercice, ou vous obéira, sans calcul, uniquement dans ce but.

Vous avez décidé d'avoir un chien. Bravo... mais attention, il ne s'agit pas de s'engager sur un coup de tête. Cet animal que vous souhaitez est l'équivalent d'un contrat de vie commune de dix à douze ans, et je l'espère, même plus. Un chien n'est pas un jouet, un désir subit que l'on assouvirait sans réfléchir. Au contraire. Quand commence à germer l'idée d'accueillir un chien dans sa vie, il faut avant tout se livrer à une étude « d'environnement » d'un triple niveau : familial, matériel et psychologique.

1.

Les règles de base

Quelle race choisir ?

C'est seulement quand vous aurez établi ce « diagnostic » que vous pourrez envisager le choix d'une race.

Vous devez d'abord prendre en compte l'environnement familial : la venue d'un chien intéresse l'ensemble de la famille.

Tout le monde a le droit de donner son point de vue, les enfants comme les parents. Vous devez aussi vous préoccuper de l'emploi du temps de chacun dans la journée et le soir : qui s'occupera du « nouveau », qui le sortira (si vous vivez dans un appartement) pour la première, ou dernière, promenade hygiénique ?

L'environnement familial sous-entend aussi l'élargissement éventuel de la famille par l'arrivée d'un bébé et les conséquences qu'elle implique pour le chien déjà là. L'environnement matériel s'applique principalement au type de logement que vous occupez : appartement ou maison (avec ou sans jardin, à la ville ou à la campagne). Dans ce domaine intervient également la place attribuée au chien pour dormir (par exemple niche ou pièce dans la maison).

L'environnement psychologique enfin est très important. On a parfois tendance à le négliger.

Soyons clairs, tout le monde n'a pas le même caractère

« Dans le choix de votre chien
il faut prendre en compte le caractère des deux " partenaires ". »

le même tempérament, le même rythme de vie. Si le chien, l'un des plus anciens compagnons de l'homme depuis la nuit des temps, a toujours su s'adapter à lui, et avec quel talent, il n'en demeure pas moins que vous aurez des choix à faire pour créer un couple harmonieux.

Ainsi, si vous faites montre d'autorité naturelle, vous pouvez opter pour n'importe quelle race. Si vous êtes moins fort de caractère, vous éviterez de jeter votre dévolu sur le Dobermann, le Berger allemand, le Rotweiller ou le Beauceron.

Si décidément ce n'est pas la fermeté qui vous caractérise, tournez-vous vers les petits « modèles » qui, bien souvent, compensent leur minuscule taille par une remarquable intelligence et un grand cœur.

Encore une fois, tous les chiens sont aptes à devenir de bons sujets, mais selon le degré de capacité d'autorité, de maîtrise de soi, de sang-froid que l'on possède, selon ce que l'on veut faire de lui (un gentil compagnon ou un chien de garde) on choisira telle ou telle race.

On peut les classer en trois catégories :

a) Les chiens faciles, en général ceux de taille moyenne (Labrador, Épagneul), avec hors catégorie le Berger allemand, à la fois grand et moyen, mais le plus soumis, le plus malléable.

Ces races ne vous poseront pas de gros problèmes, même si vous êtes quelqu'un de tranquille.

b) Les petits chiens, dans leur ensemble. Ils ont souvent du caractère : Westies, certains Teckels, Coton de Tuléar, etc. Ils ne conviennent pas aux personnes trop autoritaires : la confrontation des deux tempéraments pourrait créer un choc.

c) Les grands chiens (qui sont parfois un peu caractériels). Laisser un Beauceron faire ce qu'il veut c'est s'exposer à des « pépins » très rapidement. Ne pas maîtriser complètement un Dobermann, c'est aller au-devant des pires ennuis. Mais s'ils sont bien pris en main, ces chiens s'avéreront les meilleurs compagnons du monde.

En revanche, vouloir exercer son autorité sur le Saint-Bernard ou le Montagne des Pyrénées est souvent inutile. Vous allez littéralement vous épuiser pour un assez piètre résultat. Mieux vaut vous tourner vers un Malinois (Berger belge), un Berger allemand, un Boxer, etc.

Ces derniers sont en fait de très grands affectifs. Ils adorent les exercices d'éducation, tout simplement parce que cela veut dire que leur maître s'occupe d'eux.

Attention, il existe des exceptions.

Je sais que je vais recevoir des dizaines de lettres de lecteurs m'expliquant que leur chien n'entre pas, mais alors absolument pas, dans les catégories que je viens de définir. Ils auront raison, mais il faut bien commencer par des généralités. La Société centrale canine * a classé les races de chiens en dix groupes, des bergers aux chiens de compagnie, en passant par les chiens de garde, les chiens de type primitif, etc.

Vous trouverez à la fin de cet ouvrage :

a) la liste de tous les clubs de races reconnus par la S.C.C. et auprès desquels vous pourrez obtenir des adresses d'éleveurs recommandés ;

* S.C.C. : 155, avenue Jean-Jaurès 93536 Aubervilliers Cedex, tél. (1) 49.37.54.00 (standard), (1) 49.37.54.01 (L.O.F.), (1) 49.37.54.54 (fichier national).

b) le « portrait » des races dont les « caractères » recouvrent finalement toutes les variétés canines vivant en France.

L'adoption dans un refuge

Une fois la race déterminée, vous devez en effet savoir où trouver le chiot dont vous rêvez.

Évitez avant tout les marchés de campagne, les foires aux chiens et dans les villes les pseudo-magasins spécialisés : vous risquez d'avoir des problèmes ; pas de garantie sur l'origine et sur la qualité du chiot, parfois absence de papiers, ou délivrance de faux papiers ; sujets fragiles ou de santé déficiente, dus à la « surproduction ».

C'est vrai qu'il est dur de résister au regard « implorant » d'un chiot derrière la vitrine d'un magasin ou dans une caisse sur un marché de campagne, mais c'est indispensable si vous ne voulez pas aller au-devant d'ennuis et de chagrins. Libre à vous de préférer acquérir un chien « sans race » ; dans ce cas mieux vaut vous orienter vers un ami, un voisin et lui demander de vous réserver un chiot dans la portée à venir de sa chienne.

Si vous souhaitez un chiot de la chienne de votre voisin, pensez à réserver !

Au moins serez-vous sûr des premières semaines d'existence de votre futur chiot et de la nature familiale de l'éducation qu'il aura reçue avec ses frères et ses sœurs au contact de sa mère.

Nous reviendrons sur l'importance des premières semaines quant au caractère et à l'équilibre du chiot.

Votre décision peut être aussi dictée par votre cœur : vous vous rendez alors dans un refuge pour adopter un chien. Touché par les messages de l'émission, du journal, vous décidez d'offrir un foyer à un chien abandonné ; vous allez le sortir d'un univers carcéral. Car, quel que soit le dévouement des responsables d'un refuge, un chien est toujours mieux dans une famille, entouré d'affection et de soins, que dans un box, derrière un grillage. Je voudrais, à ce sujet, attirer votre attention sur un point important. En vous rendant au refuge (peut-être l'avez-vous déjà vécu), vous risquez d'être surpris, voire scandalisé, par la rigueur avec laquelle vous serez interrogé. Ne vous en offusquez pas.

Il faut savoir que beaucoup de chiens adoptés reviennent au refuge peu de temps après. Et cela par la faute, parfois, de responsables qui n'ont pas toujours su expliquer aux adoptants la personnalité du chien ; de leur côté, ces derniers ne s'étaient pas rendu compte de la difficulté, des contraintes provoquées par l'arrivée d'un animal dans un foyer. Aussi, de plus en plus, les refuges tiennent-ils à faire coïncider au mieux les intérêts de l'adopté et ceux de l'adoptant.

Quant à la somme qui vous sera demandée, entre 400 et 600 francs, elle est justifiée. D'une part, ce versement apporte une petite aide au refuge qui n'en a jamais assez, et, d'autre part, il responsabilise l'adoptant.

Verser une somme d'argent, si minime soit-elle, élimine ceux qui viendraient prendre un chien le temps d'un caprice.

Chaque fois que nous proposons des malheureux à l'adoption lors de l'émission de Noël à « 30 millions d'amis », les « mariages » se passent bien.

Je me souviens de cette chienne Dogue allemand, de

Acquérir un chien de race : vous avez le choix.

Adapter le tempérament du chien au vôtre !

Pour le Husky, le salon n'est peut-être pas l'univers idéal.

onze ans, recueillie par une dame tranquille. Pépite s'est adaptée très facilement à la vie que lui offrait sa nouvelle maîtresse.

Chaque année des milliers d'animaux sont adoptés en France et tout se passe bien, à 90 ou 95 %. Aussi je tiens à rassurer ceux qui hésitent, craignant de « tomber » sur un sujet difficile, dont ils ignorent le passé.

L'âge de l'adopté finalement importe peu. Si le chien que vous avez élu a déjà huit ou dix ans, il va quand même s'adapter à votre vie.

Quant à vous, vous ferez son éducation comme s'il s'agissait d'un chiot, *à la minute même où vous le sortirez du refuge.*

L'achat chez un éleveur

Si vous préférez opter pour un chien de race, le mieux, je le répète, est de vous adresser aux clubs qui vous recommanderont des éleveurs sérieux, vous conseilleront, voire même vous dissuaderont de prendre tel ou tel animal. Car il ne suffit pas de « craquer » pour un regard, une couleur de robe ou encore de suivre la mode (mais oui, cela existe aussi dans le domaine canin, certaines races peu prisées il y a quelques années font des « ravages » dans les cœurs aujourd'hui, comme le Westie ou le Husky) pour trouver le

L'un des dangers du monde moderne : la suralimentation, pour lui comme pour... vous !

chien qui convient à sa personnalité et à son style de vie. Là encore, la meilleure adéquation doit s'instaurer entre l'homme et l'animal. Et choisir n'est pas le plus facile. Le grand futurologue Alvin Toffler observe que « l'angoisse naît du choix ». Avec les chiens, nous sommes servis, puisque l'on estime à près de 400, voire 450 en comptant les variétés, le nombre de races dans le monde.

En même temps ce chiffre ne doit pas trop vous effrayer : il est si important qu'il serait étonnant que vous ne trouviez pas « l'âme sœur »...

Le responsable du club du Braque de Weimar vous dirigera à coup sûr vers un autre club, si vous êtes sédentaire et préférez le macadam aux grandes balades à la campagne.

Remarquez que, parmi les chiens de chasse, l'Épagneul breton se révèle la crème des chiens de compagnie, se satisfaisant de la promenade quotidienne.

J'ai des amis dont les Huskies, animaux réputés pour leurs qualités de tireurs de traîneaux, se sont parfaitement adaptés au confort de leur intérieur, se contentant de coucher sur la moquette, mais c'est un peu dommage.

Les chiens partageaient la vie de nos ancêtres, chasseurs par nécessité. Aujourd'hui ce n'est plus le cas.

Nous fréquentons les marchés et les supermarchés, nos chiens trouvent dans leurs gamelles les dernières nouveautés en matière d'aliments diététiques.

Le marché des produits diététiques existe aussi pour nos amis.

Et c'est tant mieux, car l'un des ennemis du chien moderne et urbain, *idem* pour le maître, est la suralimentation, du moins dans les pays riches.

Vous choisirez de préférence un élevage de type familial, car c'est dans un tel environnement que le chiot trouve les conditions idéales de son développement psychologique. Il faut savoir que de nombreux troubles du comportement sont souvent liés à des conditions d'élevage aberrantes ou à des fautes commises dans les semaines qui ont suivi la naissance. Chez l'éleveur familial vous trouverez certainement des chiots en meilleure condition physique que dans les grands chenils. Il y aura bien sûr des différences entre membres de la même portée. Ainsi Junior a un demi-frère, issu de la même *lice* * mais d'un père différent. Eh bien, ce demi-frère est deux fois plus grand, mais quatre fois plus maigre que Junior !

Rappelons-nous que le chien est un être vivant, et non une casserole produite en série (et même celle-ci peut avoir un défaut !).

Les « sons » humains

L'une des grandes conditions à respecter en vous rendant dans un élevage est de vous entendre avec l'éleveur. C'est-à-dire de le rencontrer bien avant de ramener le « bébé » chez vous. D'abord pour voir de près la manière dont sont élevés les chiots dans cet élevage, pour ensuite commencer à prendre contact avec votre futur compagnon, et enfin pour donner, si nécessaire, des indications à l'éleveur. Par exemple, lui dire d'habituer le chiot aux bruits. Celui-ci doit, en effet, être accoutumé aux sons « humains » : télévision, radio, aspirateur, voiture... En débarquant chez vous, il sera moins dépaysé et ne dévelop-

* On utilise ce nom surtout pour la femelle du chien de chasse.

pera pas des attitudes de peur pouvant déboucher sur des manifestations d'agressivité.

À ce niveau, il faut aborder la question que les spécialistes désignent sous le mot de *socialisation*. Il s'agit de l'apprentissage de la vie en groupe avec les frères et sœurs (fratrie), sous l'autorité de la génitrice. Durant les dix premières semaines de sa vie, le chiot a besoin des contacts avec ses congénères et avec sa mère. Il va apprendre les premières hiérarchies, le jeu, l'inhibition de la morsure. La mère est là pour surveiller et punir. Entre la cinquième et la septième semaine se développe la possibilité de socialisation avec l'homme et les autres animaux.

Si votre chiot n'a pas été « socialisé », il faut tout de suite lui faire rencontrer des « collègues » de sa race.

Tout cela est très important, car une socialisation mal faite ou inexistante peut engendrer des troubles du comportement incurables.

Un chiot qui n'a connu que l'isolement pendant les premières semaines de son existence, en étant uniquement en relation avec un humain (l'éleveur), risque de devenir par la suite peureux, fugueur et agressif.

Si les chiots partagent la vie de la famille, c'est un autre atout, surtout s'il y a des enfants. Cela évitera plus tard d'éventuels problèmes.

Si vous prenez un « petit » avant cette fameuse septième semaine, qui est la période où l'animal va se « socialiser » grâce à la présence de ses frères et sœurs, et des humains, la rencontre avec des congénères lors des promenades peut mal se passer. Il ne saura pas communiquer avec eux. Il risquera même le traumatisme de la « crise d'identité », s'interrogeant sur cet être vivant qui vient à sa rencontre, mais qu'il ne connaît pas.

Si vous héritez d'un tel chiot (non socialisé), ne vous alarmez pas. Simplement, ce sera à vous de faire le travail, avec patience et amour.

Instinct du chien adulte :
le respect des chiots de moins de six mois.

Comment ? En lui faisant côtoyer ses frères de race dans de bonnes conditions. Son ignorance des rites de rencontres canines ne le mettra pas en danger, car les adultes respectent instinctivement les chiots, au moins jusqu'à l'âge de six mois.

Peu à peu, il reconstituera tout ce qui lui a manqué durant les semaines de socialisation.

Si la septième semaine représente aux yeux des spécialistes du comportement une étape cruciale, les semaines suivantes sont également importantes. On considère qu'il ne faut pas acquérir un chiot entre la huitième et la douzième semaine, pour les raisons exposées plus haut.

Une séparation de son milieu familial est tout à fait déconseillée à ce moment-là.

C'est vers trois mois et demi que je vous recommande de prendre le chiot, surtout si vous êtes citadin. Il vous coûtera un peu plus cher (les frais de nourriture entraînés par ce séjour plus long chez l'éleveur expliquent cette différence), mais vous aurez alors un « bébé » possédant déjà certains acquis au niveau du comportement et de l'éducation. À trois mois et demi le sevrage est terminé, le chiot a été séparé de sa mère, dort (peut-être) déjà dans un box et est propre.

La séparation pour la nuit, il connaît un peu. Cela vous facilitera la tâche lors de la première nuit chez vous et donc de la première séparation.

Méfiez-vous du coup de foudre lors de votre première visite chez l'éleveur.

Un dernier conseil lors de votre visite chez l'éleveur : méfiez-vous des coups de cœur. Ne soyez pas impatient : n'exigez pas de repartir immédiatement avec un chiot.

Il se peut que l'éleveur n'en ait pas de disponible. Il vous conseillera de revenir ; c'est ainsi que procèdent les artisans sérieux qui ne considèrent pas leur activité et leur établissement comme une usine de production. Ils ne font faire des portées à leurs femelles qu'à intervalles raisonnables.

Reste à choisir l'élu de votre cœur, la boule de poils qui va partager pendant dix ans et plus (je vous le souhaite) votre existence.

Les tests de Campbell

Comment donc le choisir dans la portée ?

Pourquoi lui plutôt que son frère (ou sa sœur) ? Certains avancent des trucs « infaillibles » auxquels je n'accorde pas beaucoup de crédit.

Le chiot qui vous regarde dans les yeux serait, à les en croire, franc ; à l'inverse celui qui évite votre regard serait sournois, celui qui s'enfuit, couard, etc.

Tout cela est trop teinté d'anthropomorphisme pour être pris en compte.

On peut essayer les tests de Campbell.

Ce spécialiste du comportement canin est l'un des fondateurs de la Société américaine d'éthologie vétérinaire.

Publiés il y a une quinzaine d'années, ses travaux ont d'emblée suscité l'enthousiasme; certains ont crié au génie. Peu à peu le succès s'est atténué et des critiques se sont élevées : il est de bon ton désormais de les mépriser.

Je n'irai pas jusque-là. Même s'ils ne présentent aucun caractère scientifique, ils ont, malgré tout, le mérite d'exister. On n'a pour l'instant rien trouvé de mieux pour les supplanter.

Le chiot que vous allez tester, seul, en tâchant d'être le plus neutre possible, doit être âgé de sept semaines au moins. À cette période, il est encore dominé par ses instincts et son caractère n'a pas subi l'influence humaine. Comme le rappelle Campbell lui-même, « *les traits de caractère commencent à se manifester vers l'âge de trois semaines et demie. Ces traits concernent surtout la dominance, la soumission et l'indépendance. Les tests s'intéressent à ces trois caractéristiques* * ».

Prenez le premier chiot dans vos bras et emmenez-le dans un endroit qu'il ne connaît pas, où rien ne viendra le distraire (passages ou bruits). Très important : il ne doit pas entendre ses frères et sœurs.

Test d'attraction sociale

Placez le chiot au centre de la zone que vous avez choisie, éloignez-vous à quelques mètres de là et accroupissez-

* Campbell, *Guide pratique à l'usage des chiens pour éduquer leur maître*, éditions Acropole.

vous, face à lui. Frappez ensuite (doucement) dans vos mains, et observez attentivement la réaction que va adopter le « bébé » et que vous allez reporter sur la table de lecture publiée plus loin (pages 29 et 30).

Si le chiot vient vers vous, la queue en l'air, s'il vous saute dessus, vous mordille les mains, notez A : il vous adopte facilement.

Il vient vers vous sans hésitation, la queue levée, notez B : montrant un sens social assez développé, il a confiance en vous, est prêt à vous suivre.

Il vient vers vous la queue basse, notez C : manque d'indépendance et de confiance.

Il se dirige vers vous en hésitant, notez D : tendance à l'indépendance.

Il reste à sa place, notez E : goût de l'indépendance plus marqué ou sujet inactif.

Test d'aptitude à la suite

Relevez-vous et marchez normalement en vous éloignant du chiot. Il vous suit sans difficulté, la queue haute, essaie même de mordiller vos chaussures (A) : c'est quasiment le grand amour; il est « d'accord » pour que vous soyez tout de suite son maître.

Il vous rejoint tranquillement (B) : il est en confiance, prêt à vous adopter!

Il se dirige vers vous, sans entrain (C) : quelques réticences à s'engager derrière vous.

Il vient vers vous mais avec hésitation, la queue basse (D) : il est doté d'une certaine indépendance, son éducation sera sans doute délicate.

Il ne bouge pas ou se dirige ailleurs (E) : il marque son indépendance, ce qui pourra rendre son éducation future problématique.

Dans ce dernier cas, il se peut que le chiot ne vous ait pas vu vous éloigner ; recommencez alors le test. Si le résultat est identique, vous êtes sans doute en présence d'un grand distrait qui sera peut-être difficile à éduquer.

Test de contrainte

Installez le chiot sur le dos, les pattes en l'air, et maintenez-le ainsi en appuyant (légèrement) une main sur la poitrine *.

Il se débat avec force et va jusqu'à vouloir vous mordre (A) : vous avez affaire à un dominant qui peut poser des problèmes.

Il se tortille, essayant d'échapper à votre main (B) : voilà un sujet de caractère qui exigera un maître qui saura s'imposer.

Il remue pour éviter votre contrainte, puis se soumet (C) : un sujet qu'il faudra avoir « à l'œil ».

Il se laisse faire, va jusqu'à vous lécher les mains (D) : ce chiot de caractère tranquille sera un bon élève lors de son éducation.

Test de dominance sociale

Reposez le chiot, ventre à terre, et caressez-le d'un doigt du sommet du crâne à l'extrémité de la queue. Ce test permet de déterminer le degré de soumission du chiot.

Il est mécontent, tente de vous mordre (A) : il ne sera pas facile du tout à éduquer, aura tendance à fuguer.

Il grogne, tente de dégager votre main avec sa patte (B) : un sujet auquel il faudra s'imposer.

---

* On sait que les chiens, entre eux, font preuve de soumission en montrant leur ventre. (Ce que fait par exemple le vaincu dans un combat pour signifier qu'il accepte la dominance de son adversaire.)

Il se débat un peu, puis tente de vous lécher les mains (C) : il fait preuve d'un caractère assez autonome.

Il se retourne sur le dos et vous lèche les mains (D) : il accepte pour une part votre dominance.

Il ne réagit pas (E) : chien soumis qui sera facile à élever.

Test de dignité

Appelé encore test de dominance d'élévation : soulevez le chiot à l'aide de vos deux mains entrelacées sous son ventre. Il se retrouve donc les pattes dans le vide.

Maintenez-le ainsi durant trente secondes : une situation qui n'a rien d'agréable pour lui.

Il se débat violemment, en mordant et en grognant (A) : vous risquez de rencontrer des difficultés.

Il se débat avec force (B) : il faudra savoir vous montrer ferme avec lui.

Il tente de se dégager sans manifester d'agressivité (C) : certains petits problèmes de confiance peuvent naître durant l'apprentissage.

Il ne se révolte pas du tout (D) : voilà un heureux caractère qui ne demande qu'à vous aimer.

Une fois ces cinq tests effectués (chacun dure environ trente secondes), caressez et félicitez le sujet de cette expérience, avant de le rendre à sa mère et de passer à l'analyse des résultats.

Prédominance de A : sujet difficile, à tendance dominante et agressive. Exige nécessairement un maître autoritaire ; déconseillé aux personnes ayant des enfants en bas âge ou aux gens du troisième âge.

Deux ou trois A et des B : chiot à déconseiller également aux familles avec de jeunes enfants et aux personnes âgées. Mais, bien éduqué par un maître sachant s'imposer, il fera un excellent chien de garde.

Prédominance de B : sujet fougueux, ayant tendance à dominer. Capable après une bonne éducation d'exprimer tout son potentiel en devenant champion dans certaines disciplines. Évitez cependant de le mettre en contact avec de jeunes enfants.

Prédominance de C : chiot bien adapté à toutes les situations, à toutes les familles (avec enfants, personnes âgées)...

Deux ou trois D avec un ou plusieurs E : sujet soumis, futur dominé. (Ce qui ne signifie pas chien idéal, mais plutôt chien distrait, voire apathique.) Risque d'être quémandeur de caresses et de compliments, par manque de confiance en lui. Idéal pour une personne seule.

Majorité de D avec E en dominance sociale : chiot dont la socialisation risque de poser des problèmes, d'où la nécessité de lui donner une éducation très sérieuse.

Si, en plus, ce chiot a obtenu des A ou des B, il pourra plus tard se montrer agressif au moindre incident. Si ce sont des C ou des D, son agressivité se transformera en une peur extrême.

Ces cinq tests n'ont, répétons-le, que le mérite d'exister. Ils fournissent néanmoins une légère indication quant au caractère du chiot. Vous pourrez donc agir en conséquence et « affiner » votre éducation. C'est d'elle, ensuite, que dépendra le comportement de votre chien, avec vous comme avec les autres. Les éleveurs devraient, à mon avis, effectuer ces tests qui leur permettraient ensuite de conseiller un peu mieux les maîtres.

TABLE DE LECTURE DES TESTS DE CAMPBELL

(Entourer d'un cercle le numéro du chiot et, pour chacun, le type de réponse obtenue au test)

Notes (A, B, C, D, E) Numéro du chiot dans la portée	I	II	III	IV	V
1. Test d'attraction sociale					
a) vient facilement, queue haute, en sautillant et en mordillant les mains	A	A	A	A	A
b) vient aisément, queue haute, en donnant des coups de patte vers les mains	B	B	B	B	B
c) vient aisément, mais queue basse	C	C	C	C	C
d) vient en hésitant	D	D	D	D	D
e) ne vient pas du tout	E	E	E	E	E
2. Test d'aptitude à la suite					
a) suit facilement, queue haute, en essayant de mordiller les pieds	A	A	A	A	A
b) suit facilement, queue haute, vient au pied	B	B	B	B	B
c) suit facilement, queue basse	C	C	C	C	C
d) vient en hésitant, queue basse	D	D	D	D	D
e) ne suit pas, ou s'éloigne	E	E	E	E	E
3. Test de contrainte (30 s)					
a) lutte vigoureusement, se débat et mord	A	A	A	A	A
b) lutte vigoureusement	B	B	B	B	B
c) se débat puis se laisse faire	C	C	C	C	C
d) ne bouge pas, lèche les mains	D	D	D	D	D
4. Test de dominance sociale (30 s)					
a) bondit, donne des coups de patte, mord, gronde	A	A	A	A	A
b) bondit, donne des coups de patte	B	B	B	B	B
c) se tortille, lèche les mains	C	C	C	C	C
d) se retourne sur le dos, lèche les mains	D	D	D	D	D
e) ne bronche pas	E	E	E	E	E
5. Test de dignité (dominance en élévation, 30 s)					
a) se débat farouchement, mord, grogne	A	A	A	A	A
b) se débat farouchement	B	B	B	B	B
c) se débat, se calme, lèche les mains	C	C	C	C	C
d) ne se débat pas, lèche les mains	D	D	D	D	D

Mâle ou femelle ?

Compagnon ou compagne ? Voilà bien une question à trancher avant de vous rendre chez l'éleveur (ou dans un refuge). Du choix du sexe dépendront un certain nombre de comportements futurs. Encore qu'il ne faille pas, à mon avis, s'en tenir à des positions trop strictes en ce domaine. J'en veux pour preuve le fait que j'étais allé chez un éleveur pour acquérir une chienne et que j'en suis revenu avec... Mabrouk !

Mâle ou femelle : le choix du sexe ne doit pas vous empêcher de laisser parler votre cœur.

Les chiennes présentent de nombreux atouts. Plus calmes, plus douces, plus petites (quelle que soit la race) que les mâles, elles causent moins de problèmes, surtout durant les promenades. Les mâles les « respectent » même sur leur territoire.

Ainsi Junior laisse-t-il une de ses amies manger dans son propre plat, boire dans son bol sans sourciller. Si lors d'une visite à la maison, elle s'aventure sur un canapé (accès interdit pour lui), nulle jalousie chez notre vedette. Tout juste la regarde-t-il avec une pensée étonnée, du genre : « Bizarre, bizarre ! Tu peux aller sur le canapé et moi pas. Bizarre ! »

Un chien bien éduqué marquera juste son étonnement devant un interdit enfreint par une congénère.

Les qualités des femelles sont reconnues, mais elles présentent quelques inconvénients liés à leur sexe, le plus important étant les chaleurs : deux fois l'an, au printemps et à l'automne dans la plupart des cas. Avec pour conséquence, surtout à la campagne, la présence obstinée de tous les mâles du voisinage faisant la cour à votre protégée...

Si les femelles présentent de nombreux atouts, un inconvénient existe : les chaleurs, bisannuelles.

À vous donc de choisir, mâle ou femelle... ou encore le couple (ou bien deux femelles, plus cohabitationnistes que deux mâles).

Vous voulez deux compagnons : optez pour un couple, un vrai.

L'accueil du chiot

Voilà enfin arrivé le jour J : vous allez chercher (un matin de préférence et en ayant devant vous quatre à huit jours de vacances afin d'être disponible) votre nouveau compagnon, un petit être au cœur tout neuf, prêt à vous aimer au premier contact.

Ce jour J est capital, vous vous en doutez, car l'éducation de votre chiot commencera à l'instant précis où vous quitterez l'éleveur avec votre « bébé » dans les bras.

Il est d'usage d'affirmer en pédiatrie que tout se joue avant l'âge de six ans. Pour le chien c'est un peu la même chose : tout ou presque va se jouer durant les premiers jours, la première semaine, les deux ou trois premiers mois et débute dès... la montée en voiture !

Quelque temps auparavant, vous aurez pris soin de demander à l'éleveur de faire faire trois ou quatre tours en voiture à votre chiot afin qu'il découvre cet engin curieux qui fait du bruit, qui roule et qu'il aura l'occasion d'utiliser souvent par la suite.

Ça y est, le voilà dans vos bras. Dirigez-vous vers la voiture avec calme, en faisant preuve d'un peu d'indifférence. Parlez un minimum : ce transfert constitue pour lui un énorme traumatisme (il quitte un lieu connu, parfois sa mère et ses frères), mais surtout ne cédez pas à la facilité et à la sensiblerie, en lui faisant des cajoleries larmoyantes (réflexe compréhensible mais interdit).

Votre anxiété déteindrait sur lui et il associerait dès lors toute montée en voiture à un événement désagréable (puisque son maître a peur et le console en même temps). Première décision à prendre : déterminer la place qu'il va occuper dans la voiture pour ce voyage de retour et pour toute sa vie : devant, derrière, sur les sièges... Je ne vous recommande qu'une seule place s'il s'agit de moyennes ou de grandes races : à l'arrière, par terre.

Vous aurez pris soin d'y placer un tapis et des journaux (en cas d'accident digestif ou intestinal), ainsi que son chiffon ou un jouet que vous aurez confié à l'éleveur plusieurs jours avant le départ, afin qu'il s'y habitue. Ce chiffon devient pour lui son unique point de repère olfactif lors de ce premier voyage, qui ne doit pas être une odyssée. À l'arrière prendra également place un passager.

L'idéal, ce jour-là, étant de venir chercher le chiot à deux, mais surtout sans la présence des enfants. Ceux-ci ne comprendraient pas en effet votre indifférence (feinte) et n'auraient de cesse d'exciter le chiot avec force caresses et bruits.

Si le toutou ne bouge pas, s'il dort (ce qui va être, au début, son occupation principale les deux tiers de la journée), tout va bien, laissez-le tranquille.

S'il est agité, s'il quitte sa place, le passager (ce peut être vous, bien entendu) devra la lui faire réintégrer dix fois, vingt fois s'il le faut, en répétant à haute voix l'ordre « A ta place ». Faites-vous violence. Je sais que ce sera dur. Vous aurez l'impression d'être soudain devenu un sadique sans cœur envers ce petit être adorable ; mais cette fermeté est indispensable pour la suite.

Si vous cédez une seule fois, s'il vient vers vous, il ne comprendra pas, plus tard, qu'il n'en soit pas toujours ainsi. S'il gémit, pleure, ne réagissez pas. Forcez-vous à l'insensibilité. Comportez-vous comme s'il n'y avait pas de chien dans la voiture. Il va comprendre que gémir ne lui apporte rien.

Un voyage en voiture doit constituer pour lui quelque

chose d'agréable, un moment calme durant lequel personne ne s'énerve, en théorie du moins, car ce n'est pas toujours le cas des conducteurs !

Mais souhaitons que la présence d'un animal à bord modifie le comportement des automobilistes au volant ! Qu'ils adoptent une conduite plus souple et moins agressive pour le bien-être de leur passager à quatre pattes. Les autres leur en seront reconnaissants.

Puisse l'apposition sur le coffre de votre véhicule de l'autocollant 30 millions d'amis « Attention, animal à bord » vous y aider également.

L'arrivée chez vous

Second grand moment de cette journée mémorable pour vous et pour le chiot : sa découverte de l'appartement ou de la maison, en espérant que vos enfants, si vous en avez, soient en classe ! Cela pour éviter hurlements de joie, exclamations intempestives, chacun voulant caresser le nouveau venu. Imaginez son étonnement, sa peur devant cette bande d'étrangers qui, de plus, dégagent des odeurs qui lui sont inconnues.

Quand le premier contact se déroule de cette façon, il n'est pas rare, plus tard, d'avoir à déplorer des morsures à

Le nouvel arrivant est là : pitié pour lui ! pas d'accueil en fanfare...

l'encontre de quelqu'un (enfant par exemple) approchant trop brusquement du chien pour le caresser.

Pour éviter ces extrêmes mieux vaut, dès le départ, l'accueillir en douceur.

Le choix des coins

L'arrivée chez vous pose tout de suite le problème des pièces autorisées et de son territoire. Vous aurez un peu décidé pour lui, auparavant !

Deux lieux distincts doivent être déterminés une fois pour toutes : celui où le chiot va manger et celui où il va dormir *la nuit* : ce dernier endroit est primordial pour l'équilibre de l'animal qui y trouvera sécurité, tranquillité, habitudes rassurantes.

Si le chiot a trois mois, trois mois et demi, il a de fortes chances d'être déjà propre ; vous pouvez donc l'installer dans un coin de la pièce principale, si telle est votre décision. (Évitez toutefois de le placer dans un passage où il serait perpétuellement dérangé.)

Si, en revanche, il rencontre encore des problèmes de propreté, il va passer les premières nuits dans la cuisine ou dans la salle de bains (le carrelage facilitant le nettoyage), mais dans la journée il viendra dormir là où vous l'aurez décidé (dans un coin du séjour, etc.), avec son panier, sa couverture, son jouet...

En choisissant ce lieu, prenez en compte le fait que, la nuit, il y aura séparation d'avec vous. Le chiot dormira porte fermée. Habitué dès la première fois à cette séparation, il supportera plus facilement votre absence, quand vous sortirez.

Sur ce lieu de nuit, « son coin », vous pouvez lui accorder un droit : celui de contester l'emplacement exact où il va dormir dans la pièce que vous lui attribuerez. Mieux vaut arriver, d'ailleurs — quitte à le provoquer —, à ce qu'il vous montre l'endroit précis où il souhaite s'installer. Si cette place ne vous gêne pas, laissez-le faire, car ensuite vous pourrez la lui faire regagner plus facilement.

Le coin repas constitue pour le chiot un lieu à la fois symbolique pour vous deux (une zone que vous avez déterminée) et sympathique pour lui (un endroit où il va manger).

Ce peut être la cuisine, le garage (attenant). Je ne vous conseille pas, évidemment, le salon (lieu futur de « repos » de votre chien adulte) qui le soumettrait, inévitablement, aux questions, caresses, sollicitations diverses de vos invités.

Voici un petit truc pendant que nous parlons de repas.

Tous les éducateurs conseillent de retirer la gamelle du chiot (ou du chien adopté, adulte, dans un refuge), s'il ne l'a pas finie. Une manière pour vous de signifier à votre ami que les repas se prennent à heure fixe !

De fait, si le repas se transforme en service permanent, vous deviendrez vite esclave de votre chien, et lui risquera d'y laisser sa santé, pour cause d'obésité et de suralimentation...

A côté du plat, il faut impérativement disposer un bol d'eau (eau fraîche à renouveler régulièrement). N'oubliez pas que, pour lui, chez vous c'est le désert ; il ne peut accéder au robinet de l'évier !

Ce réflexe et ce souci de l'eau doivent exister en permanence chez vous, car si les chiens savent nous dire qu'ils ont faim par certaines attitudes (gémissements, mouvements d'énervement, etc.), ils sont souvent incapables de nous signifier leur soif.

Revenons à son arrivée : observez-le attentivement pendant qu'il effectue le repérage de son nouveau domaine : au premier signe d'assoupissement emmenez-le dans son « coin ». S'il se sent des fourmis dans les jambes, laissez-le repartir en expédition, puis ramenez-le à la case départ.

Vous devez refaire la manœuvre dix fois, vingt fois s'il le faut. Au bout d'un temps (plus ou moins long selon les sujets), il comprendra. Vous constaterez, à ce stade, l'importance de votre « obstination » (pour lutter contre sa propre obstination) et de votre « patience ». Deux qualités qui font les bons maîtres et les bons chiens.

La première nuit

Toute l'éducation et donc le comportement futur du chiot sont conditionnés par ces premières heures passées avec vous, chez vous.

Vous devez montrer à votre petit compagnon ce que sera sa vie. L'après-midi achevée, vient la nuit, le moment fatidique — mais essentiel — de la première séparation. Une décision difficile à prendre et à supporter... des deux côtés (du vôtre et du sien) : deux êtres faits pour s'aimer et qui se séparent déjà !...

Certains conseillent de faire dormir le chiot dans un panier au pied du lit des maîtres : « *Le jeune animal sera ainsi rassuré par le bruit de leur respiration. La plupart des chiots dorment parfaitement bien de cette façon* », explique William Campbell déjà cité.

Dans la mesure où je vous recommande d'acquérir un chiot âgé de trois mois et demi, l'on peut supposer que l'éleveur l'aura fait dormir seul, dans un box, quelques jours avant de vous le confier.

Aussi, mieux vaut faire dormir le chiot dans une pièce à part et fermée. (Dans les maternités on sépare bien les nouveau-nés de leurs mamans...)

Il va gémir, pleurer (si c'est un jeune) et vous donner mauvaise conscience, mais vous devrez rester ferme, ne pas céder. Surtout pas !

S'il a passé l'âge de trois mois, il va vouloir vous rejoindre : il ne comprend pas pourquoi il est séparé des êtres qu'il aime déjà et dont, déjà, il ne peut supporter une seconde l'absence. Cela concerne le chiot appelé à vivre dans un appartement, la condition de vie qui pose le plus de problèmes. Il est évident qu'à la campagne ou dans un pavillon, la situation est différente.

A la campagne, en effet, on peut tolérer un peu plus de laxisme de la part du maître. Mais se posera toujours la question de l'absence dans la journée et des vacances. Car alors (hôtel, camping, restaurant, appartement), vous retrouverez les conditions de vie du chien citadin et donc les difficultés inhérentes à ce type de situation.

De mauvaises habitudes prises tout au long de l'année, sans conséquence au jardin, deviendront vite un handicap au moment des vacances. Le chien ne comprenant pas pourquoi ce qui était autorisé ne l'est plus. Pensez-y !

Donc à vous de décider préalablement si votre chien va dormir dans une dépendance, dans une niche au jardin ou dans la maison — à mon avis la meilleure solution. Mais ce n'est pas à cause du froid.

Dans une niche bien conçue, un chien peut supporter des températures de – 10° à – 15°. À la limite il serait mieux là que dans certains appartements ou maisons surchauffés et à l'atmosphère trop sèche.

Mabrouk et Junior, pendant plusieurs années, ont disposé d'une niche, elle-même protégée par un auvent, sur une terrasse. Junior s'y couchait quand je lui souhaitais bonne nuit, comme pour me signifier : « Tu vois, je suis bien. Tu peux dormir tranquille » ; et en fait je le retrouvais au matin trempé (s'il avait plu) hors de sa niche et hors même du toit de l'auvent sur un morceau de gazon que j'avais fait pousser.

Certaines nuits, où le thermomètre était descendu à – 5° et où un vent glacé balayait Paris, j'ai voulu faire coucher Junior dans la cuisine, au chaud. Il a toujours refusé... et pour bien montrer son choix, il grattait la porte de ladite terrasse * !

Le chien sait, au moins en ce domaine, ce qui est bon pour lui. Hormis la propreté (plus facile à résoudre, évidemment, dans un jardin), tous les autres problèmes liés à l'éducation sont les mêmes que pour un chien en ville : l'absence, le fait de vouloir entrer pendant les repas, etc.

Alors, soit vous chauffez, comme moi, à fond la maison et laissez votre porte ouverte pour permettre au chien d'en-

---

* Aujourd'hui, à Paris ou à la campagne, Junior dort dans une pièce et semble le regretter. Cela dit, pour la garde... mieux vaut que le chien soit dans la maison que dans le jardin où il peut être agressé ou « endormi » !

Pour atténuer le choc de la première nuit chez vous : laissez jouets et objets imprégnés de votre odeur.

trer et de sortir librement, soit vous le laissez dehors — mais avec un abri contre le vent et les intempéries.

Si vous avez décidé que le chien allait vivre à l'extérieur durant la journée, vous pouvez ne pas répondre à ses appels... du pied pour entrer dans la maison.

À chacun sa solution, mais à tous d'être à l'écoute de leur chien : savoir si sa demande s'apparente au caprice ou à la nécessité...

Revenons à cette première nuit : à votre grand étonnement, votre « recrue » ne dira peut-être rien au moment de la séparation, cela arrive.

De toutes les manières, profitez de son sommeil pour quitter la pièce dans laquelle il va dormir, après avoir pris soin de disposer près de lui ses objets (jouets, chiffons) dont l'un sera imprégné de votre odeur.

Certains proposent de laisser une veilleuse allumée pour lui éviter des terreurs nocturnes (comme pour les bébés), d'autres de placer un réveil dans un tas de chiffons, le tic-tac rappelant les battements du cœur de la mère ! Pourquoi pas ? Durant cette première nuit, même s'il sommeille profondément (ce que fait le chiot contrairement à l'adulte qui ne dort que d'un œil) il y aura pour votre protégé des moments d'éveil.

Il peut alors se mettre à gémir — nous l'avons vu —, il peut aussi, en silence, déchiqueter « consciencieusement » tout ce qui traîne !

S'il est dans la cuisine, vous aurez pris soin, avant de l'y enfermer, d'ôter tous les restes du dîner et de bien fermer la poubelle. Mieux encore, vous lui aurez laissé matière à passer sa rage : un journal par exemple qu'il pourra transformer en confettis !

S'il dort dans le salon, les rideaux, les pieds de chaise ou de table risquent de souffrir de cette insomnie passagère.

Dans la mesure du possible, n'intervenez pas ! Ce qui ne signifie pas : n'observez pas !

Cette première nuit sera donc courte pour vous ; vous aurez pris soin de prévenir vos voisins de l'arrivée du toutou. Mais une fois encore ne cédez pas. Quoi qu'il vous en coûte ! Bouchez-vous les oreilles au besoin.

Une anecdote à propos de la « première nuit » de Junior. Je l'avais conduit vers 23 heures dans une petite écurie où j'avais placé une niche. Au lieu d'en fermer la porte, j'avais installé un grillage pour l'empêcher de sortir.

Peine perdue ! Mon petit morveux de trois mois réussit, avec force intelligence et entêtement à détruire ce grillage, et à se jeter comme un fou sur la porte de la maison.

Quelle émotion fut la mienne devant cette boule de poils semblant me reprocher cette situation « absurde ». Mais je n'ai pas cédé.

Après une caresse, je l'ai ramené à l'écurie et, cette fois, j'ai refermé la porte. Ses plaintes m'ont fait mal aux oreilles et au cœur, mais il le fallait.

Une heure plus tard, Junior dormait. Le lendemain matin, quelle intensité dans nos retrouvailles ! Pour moi comme pour lui.

Le « lendemain matin » doit être aussi une fête pour vous deux. Même s'il a fait ses besoins durant la nuit (à trois mois et demi c'est un accident, une marque de protestation), ne réagissez pas. Ignorez les dégâts, s'il y en a. Il sera même déçu par votre manque de réaction : « J'ai fait tout cela, et pourtant il (ou elle) ne dit rien. Ce n'est donc pas la meilleure manière d'attirer son attention. »

Comme nous le verrons plus loin, inutile de punir un chien s'il n'est pas pris sur le fait. Seul le flagrant délit compte, en tout cas, quand il est très jeune.

Les premiers rituels

Offrez-lui un peu de nourriture, afin de bien marquer le plaisir. Cette petite pâtée peut être constituée d'un peu de viande et d'un morceau de camembert. Il est utile de donner du fromage, car il contient du calcium, nécessaire pour « consolider » les os. Tout de suite après ce mini-repas, vous allez sortir le chiot, qu'il ait ou non fait ses besoins durant la nuit.

Bien entendu, cette sortie avec vous sera précédée de l'instauration des premiers rituels (pose du collier, mise de la laisse), qui sont présentés plus loin.

Les premières promenades vont durer entre 5 et 15 minutes. Au retour, on replace le chiot dans son coin * avec ses objets familiers : poupée de chiffon (torchon noué), os de buffle qu'on aura imprégné de sa propre odeur avant même d'aller chercher le chiot chez l'éleveur !

Pour ce faire, il vous suffit de tripoter cet os, chez vous, en regardant la télévision par exemple, de manière à le rendre « opérationnel ».

Tous les objets familiers deviendront des substituts à l'envie de mordiller vos rideaux et vos pantoufles !

Au retour de cette première sortie, vous allez prendre votre petit déjeuner puis, plus tard, déjeuner et dîner. Pour votre chiot... rien ! il va venir, vraisemblablement, vers la table « par les odeurs alléché » ! Deux fois, trois fois, levez-vous et ramenez-le à sa place, accompagné d'un « Cou-

---

* Celui-ci peut être différent de la place de nuit ; en somme, il s'agit d'un troisième lieu, choisi par le chiot lui-même. En général, à un endroit stratégique qui lui permet de surveiller l'ensemble de l'activité de la maison.

ché », « A ta place ». S'il revient encore, jouez l'indifférent et surtout ne lui donnez rien. Il va apprendre ainsi que, lorsque vous êtes à table, il n'obtient rien. Faites-lui confiance : très vite il comprendra. Sauf, bien entendu, si l'un des vôtres lui donne quelque chose en catimini (gendarmez vos enfants et prévenez vos invités à ce sujet !).

En lui refusant toute nourriture lors de vos repas, vous éviterez d'en faire un chien voleur, quémandeur, etc.

Tout cela est essentiel, car quand il ne dort pas, il joue et quand il ne joue pas, il observe. Cette observation va lui permettre de s'adapter à votre mode de vie ou de trouver la faille pour vous emberlificoter !

Tout l'amour que j'ai pour les chiens me permet de porter le jugement suivant : dans cette petite tête adorable, un cerveau est programmé pour poser en permanence trois interrogations : « Qu'est-ce que je dois faire pour être à côté de lui ? Qu'est-ce que je dois faire pour qu'il m'aime plus ? Qu'est-ce que je dois faire pour vivre mieux ? »

Encore une fois, ne cédez pas et sachez que, contrairement à ce qui se passe chez les humains, avec les chiens, les absents ont souvent raison.

Même si cela est moins vrai aujourd'hui, beaucoup d'épouses restent encore au foyer. La « maîtresse » qui a mille tâches à effectuer dans la maison durant la journée risque de céder aux caprices du chien... comme elle cède, lasse, aux demandes des enfants. Le maître rentrant du travail est plus facilement autoritaire.

Très vite, notre chien s'apercevra qu'il domine la « femme au foyer » alors que son maître sera son dominant.

Le repas constitue un moment très important pour le chien, une distraction dans sa journée. Un peu comme nous autres humains en vacances.

Pour le dîner, le chien va manger avant vous. Il sera ainsi au calme ensuite. Il vous sera plus facile de vous imposer à vous-même une discipline (refuser de lui donner quelque chose), sachant qu'il a déjà l'estomac plein. C'est pour cela qu'il est souhaitable de prendre ses repas après lui.

Certains spécialistes recommandent de marquer votre

dominance, en mangeant avant l'animal. Je préférerais réserver éventuellement cette formule aux chiens adultes... et si vraiment existe un problème de prérogative.

Les nuits suivantes

Les chiens ont besoin de rites et nous les imposent. Aussi, à partir du deuxième ou troisième jour, au moment de se coucher, le maître (ou la maîtresse) doit dire bonsoir à son chien. En lui parlant, comme à un enfant, sans fausse honte. « Aujourd'hui tu as fait ceci, cela ; demain on fera ceci, cela. »

L'animal ne comprend pas toujours mais, au son de votre voix, il devine des tas de promesses. Quittez-le sur une caresse, il va s'endormir paisiblement, rassuré.

Moment privilégié du soir ! Voilà un rituel que vous ne devez jamais oublier, sous peine de troubler votre copain. Par contre, vous pourrez le supprimer plus tard, un soir, en guise de punition.

Pour sanctionner une « faute » assez grave, il vous suffira alors de marquer votre mécontentement d'un « Tu es un mauvais chien » ou par l'indifférence. L'absence du rituel, ce soir-là, le « meurtrira ».

Avec ces conseils à appliquer dès la première semaine de vie avec votre compagnon, vous aurez effectué la moitié du chemin. Le chien aura compris qu'une volonté supérieure à la sienne s'impose à lui.

La propreté

Mais deux phénomènes capitaux doivent être également abordés durant ces premiers jours : la propreté (si le chiot a moins de trois mois) et l'aboiement lié à la séparation.

Deux sources d'ennuis fréquents avec le chien... et avec les voisins.

Et pourtant, le chiot va les surmonter sans trop de problèmes grâce à votre patience et à votre persévérance... La première nuit, nous l'avons vu, risque de poser la question de la propreté.

Encore s'agit-il de s'entendre sur cette notion et de prendre en compte le point de vue du chien.

Il a déjà appris avec sa mère à être propre : il ne fait pas ses besoins près de sa couche ni de sa gamelle.

Oublions aussi les critères humains en ce domaine : quand le chien recouvre ses déjections, il ne fait que dissimuler ses traces et non essayer de nous faire plaisir !

Si votre chiot « salit » toute la maison, il n'a pas conscience de se mal conduire. Car urine et selles font partie de son langage social : marquage du territoire, messages laissés pour d'éventuels congénères. Si donc, au premier matin chez vous, vous constatez des dégâts dans la cuisine où il a passé la nuit, ne « voyez » rien — ainsi que je l'ai dit plus haut — occupez-vous de votre chien comme si de rien n'était. Inutile de lui mettre le nez dedans, de le gronder ou de le taper. Des « réactions » qu'il ne comprendrait pas et qui de plus produiraient l'effet inverse. Si le chiot est de caractère dominé, il peut montrer sa soumission en urinant ! Pour la première nuit, vous aurez disposé près de lui des journaux. Pour les jours suivants aussi, si vous ne pouvez le sortir souvent. Mais cette technique doit très vite être abandonnée. Le chiot pourrait ne « faire » que sur des journaux et refuser l'extérieur !

L'idéal est de déplacer les journaux vers la porte d'entrée, petit à petit jusqu'au-dehors. Le chiot suivra le trajet ! Au premier matin, après le petit repas, sortez-le : dès qu'il a « fait », récompensez-le par une caresse, félicitez-le.

Les premières heures de la journée, surveillez-le. Dès qu'il se prépare à faire ses besoins, portez-le dehors à l'endroit que vous avez choisi (le caniveau), et montrez-lui votre joie après.

En matière d'éducation, la récompense est plus efficace que la punition.

La caresse récompense toute action conforme à vos ordres.

En deux ou trois jours, le chiot sera propre. À condition bien sûr de le sortir après chaque repas, après le jeu, après le repos, etc.

Vous pouvez prononcer le mot « popo » à chaque fois et vous pourrez ainsi lui faire faire sur ordre, ce qui est bien pratique.

Avec Mabrouk et depuis avec Junior, j'utilise « popo », avant un voyage en train, par exemple. Mon chien et moi montons en voiture... l'esprit libre !

Pour réduire l'apprentissage de la propreté astreignez-vous à donner à manger à votre chiot à heures fixes, et rien entre les repas !

Emmenez-le toujours au même endroit (*idem* pour la promenade du soir, vous emprunterez le même circuit) ; le chien une fois encore adore les rituels.

Le chemin vers le caniveau

Voilà un lieu urbain, thème d'un slogan (« apprenez-lui ») que tout le monde connaît, dont peu se servent (ce qui est une erreur), mais qu'il n'est pas toujours facile d'utiliser (surtout dans les grandes villes encombrées par les voitures et les couloirs d'autobus). Malgré tout le caniveau demeure indispensable. Il va falloir y amener votre chiot le plus vite possible, à la fois pour l'urine et les défécations.

Ce sera évidemment plus difficile pour faire uriner les mâles, bien qu'ils s'accroupissent dans les débuts.

Dès que vous voyez que votre chiot va « s'exécuter », dirigez-le vers le caniveau. Prenez-le dans vos bras et déposez-le vite. Il sera surpris ; alors qu'utiliser la laisse, c'est déjà lui donner l'idée d'une résistance.

Très vite, il prendra l'habitude de faire dans cet endroit bizarre et comme c'est un bon chien, il ne se posera plus de questions.

Bien entendu, il sera tenu en laisse : pas question de laisser divaguer votre toutou dans la rue tant qu'il n'obéit pas au moindre de vos claquements de doigts pour revenir au pied.

Le problème des chiens qui font n'importe où, sur les trottoirs en particulier, est dû à leurs maîtres. Ceux qui sont trop pressés, qui ont hâte que leur compagnon fasse ses besoins, de manière à être rentrés plus tôt chez eux.

Si le chiot « apprend » vite le caniveau, le sujet adopté, donc adulte, aura plus de difficultés, en raison d'un passé souvent truffé de mauvaises habitudes.

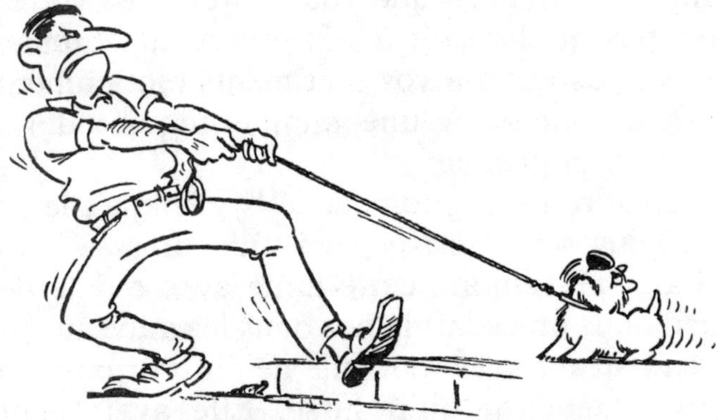

L'apprentissage du caniveau :
ne tirez pas sur sa laisse, portez-y votre chiot.

*Craindre, avec angoisse,
que le chiot ne fasse pas...
est le meilleur moyen
pour qu'effectivement il ne fasse pas.*

*Montrez
une très grande satisfaction
quand votre toutou
« fait » dans le caniveau.*

Pour y arriver, le mieux est de pratiquer la politique des petits pas. Dès le premier jour vous le tirez (cette fois il n'y a pas d'autre solution que la laisse) vers une butte de terre, le pied d'un arbre, en vous rapprochant chaque jour un peu plus du caniveau.

Comme dans tout ce que vous faites avec votre chien, n'oubliez pas qu'il réagit à vos ordres, à l'intonation de votre voix mais aussi à vos sentiments (notamment à vos angoisses ou même à une simple inquiétude) qui se traduisent physiquement.

Dans le cadre de la promenade hygiénique, le chiot ne doit pas vous sentir crispé, nerveux, pressé... et encore moins inquiet ! Témoin, cette amie avec qui je devisais. Son chien nous précédait le nez dans le caniveau, heureux.

Tout en parlant avec moi, elle ne quittait pas son chien des yeux, attendant qu'il fasse. Elle avait peur qu'il n'obtempère pas, elle communiquait cette peur au chien qui... ne faisait pas ! Chaque fois que votre chiot ou votre chien fera dans le caniveau, n'hésitez pas à lui montrer votre satisfaction, en en rajoutant même un peu au début. Quitte à passer pour un doux dingue aux yeux des passants.

Votre compagnon ne comprendra pas pourquoi, mais il sera très content.

Plus tard, il associera le caniveau et votre contentement. Comme ce n'est pas un imbécile, il recommencera. On connaît certains sujets qui font plusieurs fois pour être récompensés un peu plus !

L'aboiement et la séparation

Dès le deuxième jour de l'arrivée du chiot chez vous, vous allez créer des séparations fictives de 5 à 15 minutes environ (pas plus) : vous allez changer de pièce, sortir même, en laissant le chiot dans l'appartement.

Le chiot étant calme, réveillé, sortez, sans vous occuper de lui.

Cela est important : chaque sortie, chaque arrivée doit se dérouler sans cérémonial, dans une feinte indifférence. Le chien va comprendre que votre départ devient un fait banal, puisque, ne lui ayant pas dit au revoir, vous ne partez pas pour longtemps.

Banalisez la séparation, en sortant avec indifférence.

Une fois sorti, si le chiot gémit, laissez-le faire, mais profitez du moindre arrêt des pleurs pour rentrer. Si, derrière la porte, il n'interrompt pas, ne serait-ce qu'une minute, ses gémissements, rentrez tout de même, mais ne dites rien, ne le regardez pas, boudez-le même. Une demi-heure plus tard, recommencez l'exercice, sortez à nouveau.

Peu à peu, vous allongerez la durée de votre absence. Avec toujours l'idée de rentrer avant que le chien commence à gémir. C'est le principe de ce que j'appelle l'obéissance sans le savoir : on évite de lui laisser faire la « faute », on intervient avant.

En répétant plusieurs fois l'exercice, vous obtiendrez des résultats assez rapides. Le chiot « prendra » vos absences pour des événements naturels, sans conséquence fâcheuse pour lui, hors celle de ne plus profiter de votre présence.

Nous reviendrons dans le chapitre suivant sur les exercices et les petits trucs à employer pour venir à bout d'un chiot qui persisterait à gémir durant les absences de son maître.

L'aboiement sur commande

L'aboiement peut être aussi contrôlé par la méthode que j'appelle « par assimilation ». Dès que votre chien commence à s'égosiller, je vous conseille de le fixer, index tendu dans sa direction, et de lui lancer l'ordre « Aboie ». Rapidement, votre toutou associera les deux : l'ordre et le fait qu'il aboie.

De la même manière, vous allez le faire cesser d'aboyer sur votre injonction. Quand vous constatez que l'aboiement va faiblir, lancez un « Stop ». Le chien va, là encore, associer les deux éléments : le commandement et « son silence ».

Dès qu'un semblant de commencement d'exécution se fait, récompensez votre compagnon avec caresses et félicitations. Pour faciliter la compréhension et l'assimilation de l'exercice, rien ne vous empêche d'empoigner le museau et de le maintenir fermé, en relançant l'ordre.

Une fois cela acquis, vous allez pouvoir lui lancer « Aboie » sur commande. Dès que votre chien émettra le moindre son, félicitez-le. Mais sachez que cet aboiement n'est pas si facile que cela à obtenir. La patience devra vous être permanente. Pour votre toutou, aboyer à votre encontre, c'est-à-dire vous considérer comme un inconnu, n'est pas du tout évident.

Avec mon brave Mab, puis ensuite avec Junior j'ai voulu pousser l'exercice encore plus loin : essayer qu'ils me montrent les dents ! En vain... Adopter un masque hostile, grogner : oui, mais contre « son papa », c'est impossible !

Les récompenses et les punitions

Avant de passer en revue les exercices et les ordres que vous devez faire exécuter par votre chiot ou votre chien, un mot sur les premières récompenses. Celles qui, dès les deux premiers jours suivant l'arrivée de votre nouveau compagnon, vont ponctuer son apprentissage. Ces récompenses très importantes doivent être graduées.

C'est tout d'abord le ton de la voix pour le compliment, puis la caresse, les embrassades et enfin la friandise (mais de temps en temps, en cas de soins par exemple).

Quant aux punitions, je persiste à dire, n'en déplaise à certains « psychologues » canins, que quelques bonnes calottes n'ont jamais fait de mal à personne, y compris aux chiots.

Le chiot, d'ailleurs, a l'habitude des punitions infligées par sa mère : elle le mordille, quand il a fait une bêtise. La punition suprême étant quand elle le prend par le cou pour le jeter.

Tout le monde sait que l'on maîtrise plus facilement un chien... (pas de grande taille) en l'attrapant par la peau du cou, ce qui lui rappelle son enfance.

Le mépris que vous afficherez plus tard, en face du jeune chien, pour sanctionner une faute, n'aurait pas d'efficacité sur le chiot. C'est un bébé, il ne saisirait pas la nuance d'une telle attitude.

Mais n'oubliez jamais que, dans le cas d'un chiot, la tape doit être donnée sur « le lieu du crime »... en flagrant délit.

Ayez recours, si vous le souhaitez, à un instrument (un martinet, une badine, un trousseau de clefs, ou tout simplement... une cuillère), avec lequel vous menacerez votre chiot. Tout objet peut devenir ainsi le symbole de votre mécontentement.

Bien évidemment, avant de brandir cet objet, il aura fallu une fois ou deux s'en servir. Mais, pour éviter de tomber sous l'emprise de la colère et de s'emporter en frappant trop fort, la solution est de provoquer, à froid, des situations pièges.

Le chiot se fait avoir, vous utilisez votre objet, mais n'étant pas en colère, vous ne risquez pas de le frapper autrement que d'une manière symbolique.

Quant à ceux qui nous recommandent de ne pas frapper et caresser un chien avec la même main, ils font montre d'un manque de connaissance des capacités des chiens.

Ces derniers, tout comme les enfants, sont capables de comprendre que la tape a répondu à une interdiction transgressée, et la caresse à une action admise, quelle que soit la main qui les a données. Contrairement à ce que pensent certains maîtres, toute personne équilibrée peut

Des exercices répétés, avec des révisions, conditionnent la bonne éducation.

obtenir de bons résultats avec son chien. Il lui suffit de consacrer quelques minutes, chaque jour, à l'éducation.

Tout comme vos enfants vont à l'école quotidiennement, vous ferez accomplir à votre chien des exercices d'obéissance journaliers (trois minutes ou un quart d'heure — selon votre convenance). Une manière pour lui de réviser ses leçons.

Toute la famille bien sûr devra être au diapason en ce domaine.

2.

À vos ordres

Pour votre bien, celui de votre compagnon, de votre entourage, de vos voisins, vous devez consacrer un minimum de temps à l'éducation.

Après avoir mis en pratique les conseils que je viens de vous donner, je vous propose des exercices que vous allez faire exécuter à votre chiot, ou à votre chien. Ils vont lui permettre de se bien conduire dans la société des hommes. Ne croyez pas qu'une fois assimilés, tout sera réglé. Votre fabuleux compagnon, ce chien qui va vivre avec vous durant dix à quinze ans, va tenter, à chaque minute de sa vie, de transgresser les principes que vous lui aurez inculqués !... Et cela dans un seul but : se rapprocher de vous. Il ne pense qu'à cela en vous regardant ! Vous êtes face à une force de tous les instants. Voilà pourquoi il profitera de la moindre de vos faiblesses. Bien éduqué cependant, cette concentration de volonté passera inaperçue à vos yeux.

Aussi incroyable que cela puisse paraître, cet être si franc, si dénué d'arrière-pensée et de calcul cache pourtant en lui une énorme capacité de dissimulation que l'on pourrait imaginer motivée par la réflexion suivante : « Je veux m'approcher de toi... et en fait je voudrais que tu sois à mes ordres ! »

Bien entendu, c'est lui qui doit être aux vôtres.

Qui n'a pas failli céder aux comédies du malheur, au regard implorant de son chien ? Pourtant vous devez, nous devons résister...

Contrairement à ce que l'on croit, communément, le chien est un dominateur. Comme le soulignent les Drs Joël Dehasse et Colette de Buyser* : « Le dominant s'impose physiquement au soumis, le chevauche, lui met la patte sur l'épaule. Il porte la tête dressée, la queue relevée, et fixe les autres chiens dans les yeux. Un chien qui saute sur son maître, qui lui met les pattes sur les épaules manifeste des postures de dominance. »

Parfaire l'éducation de votre animal sous-entend, de votre part, obstination, patience, douceur et autorité. Ce sont là les qualités du bon éducateur.

Notez bien l'obstination. Combien de maîtres baissent les bras au bout d'un certain temps, parce que leur chien n'obéit pas ? Cette lassitude, cet abandon d'autorité ont nécessairement un effet néfaste sur leur compagnon qui risque, peu à peu, de prendre de plus en plus de libertés avec les ordres acquis. Cela débouche inévitablement sur une vie quotidienne faite de conflits, d'ennuis avec les voisins et parfois sur la décision d'abandonner son animal en le plaçant dans un refuge, en déclarant : « Je ne peux plus le supporter, il est agressif, infernal. Je n'en viens plus à bout. »

Un chien qui cependant redeviendra un bon toutou, s'il a la chance de retrouver un maître... Un vrai !

Ne jamais perdre la face

Avant de passer en revue les différents ordres que vous allez inculquer à votre chien au travers des exercices, il est bon de connaître les grands principes qui vont régir ces derniers. Utilisez les qualités naturelles de votre « copain ». Profitez du moment où il les met en pratique pour lui enseigner certains ordres.

---

* *Mon chien est d'une humeur de chien,* éditions Vander, Bruxelles.

Profiter des aptitudes naturelles du chien — le rapport d'une balle — pour inculquer la notion de rappel.

Si votre chien adore rapporter les objets qu'on lui lance, n'hésitez pas : envoyez une balle ou un morceau de bois au loin en criant : « Allez » et « Au pied » quand votre chien le rapporte.

Vous pouvez ainsi trouver d'autres situations comparables pour pratiquer « la méthode par assimilation ».

L'apprentissage, surtout au début, doit être considéré par le chien comme un jeu. Cela ne doit pas vous empêcher de lui accorder, entre deux exercices, une pause et même une vraie « récréation ». J'ai déjà évoqué les récompenses et les punitions. Préférez bien entendu les premières aux secondes.

Pour ces dernières, c'est la bouderie qui constituera la forme suprême de mécontentement de votre part. Mais, on le verra plus loin, elle doit intervenir avec un chien déjà bien avancé sur le chemin de l'éducation.

En cas de refus répétés (une dizaine de fois de suite) lors d'un exercice, vous devez user d'un stratagème.

Les cavaliers ne laissent jamais leur cheval sur un refus. S'il ne réussit pas l'exercice demandé, on le lui fait refaire, en abaissant, par exemple, la hauteur des barres à franchir. Et comme disent les écuyers, à la fin de l'exercice : « Laissons-le là-dessus ! » Le cheval a franchi l'obstacle, a obéi.

Avec un chien c'est un peu plus subtil. Mieux vaut bien sûr ne pas rester sur un échec, mais si au bout de dix fois, vous n'avez pas obtenu l'obéissance et la réalisation de l'exercice demandé, il faut rechercher la ou les causes de ce refus : il n'a pas compris, c'était trop difficile, il souffre, etc.

L'essentiel pour vous est de ne pas perdre la face. Avant de rompre, vous devez inventer quelque chose qui va faire cesser l'exercice : le téléphone sonne... « Tiens, voilà quelqu'un »... « J'ai oublié d'éteindre la lumière »... Ensuite, vous essaierez de comprendre les raisons du refus.

Il faut établir un code de communication avec son chien. À vous de le déterminer, et ensuite de vous y tenir.

Pour des exercices faciles, je vous conseille de les effectuer toujours au même endroit, dans un coin du jardin ou d'un square, avec le même décor, éventuellement les mêmes accessoires.

La mémoire de votre chien et la vôtre vont ainsi assimiler les mêmes repères dans l'espace. Ce sera bien utile pour la suite.

Quand Junior était jeune, le premier exercice que je lui avais enseigné était de sauter sur un banc de pierre, installé dans le jardin, et de s'y asseoir. Il adorait le faire.

Bien plus tard, lors d'exercices de garde d'objets, rien n'allait comme je le voulais.

Au lieu de rester près du sac à garder, Junior s'entêtait à revenir vers moi. Au bout d'un moment alors que je m'énervais, Junior sauta sur le banc, et s'y assit comme lorsqu'il était petit.

Le message était clair : « Je ne comprends rien à ce que tu me demandes de faire avec le sac ; mais je suis plein de bonne volonté. Je ne souhaite que t'obéir. D'ailleurs, pour te le prouver, je refais l'exercice du banc. »

Un véritable raisonnement auquel je souscrivis aussitôt. On refit l'exercice de garde, mais j'y mis plus de patience, et Junior le réussit.

Ce banc, je l'oubliai un peu ; ayant entre-temps déménagé, il ne nous avait pas « suivis ». Un jour, lors d'un exercice d'entretien, Junior à nouveau n'exécute pas un ordre. J'élève la voix. Lui, tête baissée, s'enfonce dans le sol... et soudain, je m'aperçois que l'instrument de traduction est absent.

Junior n'avait plus de banc pour me dire ce qui se passait. J'en achetai un (de pierre, comme le précédent), et tout devint plus simple. Notre dialogue, par banc interposé, se poursuit toujours.

Dans le même ordre d'idées, lors d'un tournage pour l'émission, Junior devait participer à un match de water-polo.

Rien à faire ! Trois fois de suite il est sorti de l'eau. Toute l'équipe technique attendait. Et puis, soudain, Junior a traversé la plage et est allé s'installer... sur une planche à voile posée sur le sable.

Là encore, son message était clair : « Le water-polo, ce n'est pas mon truc, mais la planche à voile, c'est quand tu veux ! »

Do you speak english ?

Autre élément important de ce dialogue entre votre copain et vous, la sonorité des ordres que vous voulez qu'il exécute. Pour être efficaces, ils doivent être courts. Inutile de faire de longues phrases : vous risquez de modifier des mots (d'où une perturbation pour le chien) ; et le jour où il devra réagir rapidement, face à un événement extérieur, la longueur de votre ordre lui interdira de répondre dans la seconde.

Certains spécialistes canins recommandent d'employer l'anglais pour donner les ordres. Ne voyez là aucun snobisme.

Tous ces ordres présentent la particularité de ne comporter qu'une seule syllabe, contrairement aux mots français : « Sit » pour « Assis », « Down » pour « Couché », « Up » pour « Debout » — dans le sens de « Viens ici ».

L'efficacité des ordres dépend de leur brièveté.

À vous de choisir votre langage, et de vous y tenir. Pensez à rédiger un petit lexique à l'intention des autres personnes de la famille (les enfants surtout) afin que les mêmes mots signifiant les mêmes ordres soient communiqués au chien, ce qui lui simplifiera la tâche.

Attention enfin à la phonétique, aux mots trop proches, comme « Assis » et « Ici » — mieux vaut dans ce cas employer « Viens » — ou entre « Pas bouger » et « Pas toucher » — préférer « Touche pas ».

Les douze commandements

« *Assis* »

De tous les ordres de base, il est le plus facile à exécuter par le chien, donc le plus facile à enseigner par vous. Pour que votre élève obéisse, il suffit en lui disant « Assis » d'appuyer une de vos mains sur son arrière-train, et avec l'autre de tirer légèrement vers le haut du poitrail pour éviter qu'il ne se couche.

Pour faciliter l'acquisition de l'ordre « Assis », aidez votre chien de la main.

Il va ramener ses pattes postérieures sous lui et prendre la position. Dès qu'il a obéi, récompensez-le d'une caresse. Recommencez plusieurs fois.

Très rapidement, il obéira au seul son de l'ordre « Assis ». Vous pouvez aussi accompagner ce mot d'un geste : bras tendu, paume tournée vers le sol. Cela permettra un commandement à distance ; le chien s'asseyant à ce geste, à une vingtaine de mètres de vous. Répétez l'exercice en augmentant les distances.

Vous pouvez enfin, et cela est valable pour la plupart des ordres, pratiquer la « méthode par assimilation ». Ce n'est plus l'ordre qui entraîne le mouvement mais l'inverse.

Vous profitez du fait que votre chien s'assoit pour lui dire « Assis » et le féliciter aussitôt.

Peu à peu, il assimile l'action au mot que vous prononcez et au fait que cela engendre pour lui une récompense.

Si cette méthode ne nécessite aucune aide (main, laisse, etc.), elle implique du maître une attention de son chien très soutenue, de manière à en saisir les actions pour lancer les ordres.

En dernier ressort, si vraiment vous n'arrivez pas à obtenir de votre toutou l'exécution de l'ordre « Assis », voici un autre test qui met en scène la nourriture.

Au moment du dîner, présentez-lui sa gamelle et ordonnez « Assis ». La plupart du temps il fera la relation entre le commandement énoncé et l'arrivée du repas : il obéira.

Si vous n'obtenez pas la réponse à l'ordre, recommencez l'exercice en divisant la ration. Apportez-lui sa gamelle contenant le tiers de son repas habituel. Si votre toutou obéit, donnez-lui cette portion avec vos félicitations.

Renouvelez l'exercice une vingtaine de minutes plus tard, afin de vérifier que votre chiot a bien assimilé l'ordre. (D'où l'intérêt de cette division de la ration de son dîner.)

S'il refuse de s'asseoir, ne lui donnez pas son plat. Vous recommencerez l'expérience, une demi-heure plus tard. Dernier test enfin, si tous les autres ont échoué : sortez votre chiot en fin de soirée pour la promenade hygiénique, sans le gronder particulièrement. Félicitez-le même (mais sans plus) dès qu'il satisfait à... ses besoins naturels, dans le caniveau, et puis rentrez chez vous avec lui, et envoyez-le se coucher sans manger ! Un peu comme vous le feriez avec un enfant que vous priveriez de dessert.

Le lendemain matin, nouveau test, car il ne s'agit pas de baisser les bras. Effectuez ce dernier d'une manière désinvolte, à la limite de l'indifférence... comme si vous n'attachiez pas une grande importance à son exécution (attention donc au son de votre voix, pas d'énervement surtout, l'essentiel est de ne pas perdre la face, en cas d'insuccès).

En règle générale, une nuit l'estomac vide porte conseil ; il y a de fortes chances pour que votre entêté daigne enfin vous obéir et s'asseoir. Si néanmoins ce n'était pas le cas, renouvelez le test de la division le soir même, mais cette fois de manière très ferme.

Quand votre compagnon a exécuté l'ordre « Assis », renouvelez l'exercice les deux ou trois soirs suivants.

Il est bien entendu que cela ne vous empêchera pas de le tester également au cours de la journée, tout simplement en lui lançant l'ordre « Assis ».

Ce « traitement », que vous pourrez utiliser avec un profit certain sur le chien adulte adopté, pourra vous servir par la suite pour des exercices plus élaborés.

« Couché »

Une fois le « Assis » assimilé, vous pouvez passer au « Couché ». Je ne suis pas partisan de la technique préconisée par certains qui appuient sur la nuque du chien pour lui faire prendre une position couchée. Il est à craindre que le chien ne comprenne pas et résiste à cette pression.

La meilleure manière est d'y arriver par la voix, doucement, ou encore de lui prendre les pattes avant et de les faire glisser jusqu'au sol, en tirant vers soi.

Si vous avez affaire à un sujet un peu plus récalcitrant, placez-le sur un banc (ou une caisse) et présentez-lui un morceau de viande, en vous accroupissant au sol.

Se trouvant en position surélevée par rapport à votre main, il sera obligé de se coucher pour atteindre la friandise. À ce moment-là, seulement, vous lui permettrez d'y toucher en répétant « Couché ».

Comme pour « Assis », l'ordre « Couché » peut être obtenu par la méthode par assimilation.

C'est une position très importante surtout pour le chien de ville, que vous emmènerez en voiture, au restaurant, à l'hôtel, etc. Elle fait de lui un compagnon agréable à vivre en société, et le fera accepter beaucoup plus facilement, un peu partout.

Un morceau de viande présenté au chien juché sur une caisse amène à la position « Couché ».

Quand Junior se retrouve au restaurant avec moi, si les clients remarquent en général notre entrée, ensuite ils ne le voient plus. Il est tranquillement couché sous la table ou la banquette. Sa sagesse lui valant, au moment de partir, les compliments de la direction et du personnel. Il aimerait bien d'ailleurs en retirer quelque bénéfice « alimentaire »... mais je veille !

Comme pour « Assis », l'ordre visuel « Couché » sera effectué avec un geste accompagnant le mot : bras tendu descendant le long du corps, paume vers le sol.

« *À ta place* »

Voilà un ordre que trop souvent les maîtres négligent, bien à tort. Il s'agit d'envoyer le chien dans son coin.

Vous pouvez commencer avec un chiot en le conduisant au « lit » — pas le vôtre ! — et en le forçant à y rester sur ordre. Recommencez autant de fois que nécessaire. Il ne pourra se « libérer » que sur votre commandement.

Cet ordre se révèle bien utile à la maison, quand par exemple vous recevez des amis, ou que votre toutou vient mendier à table pendant le repas.

Cette formule permet à l'animal de participer de loin à des contacts sociaux, il s'habitue à de nouveaux visages chez vous. Faute de cette éducation, combien de chiens se voient enfermés par leur maître à la cave, au grenier, au garage, ou dans la chambre quand des invités débarquent !

Ils violent de ce fait les lois canines, comme l'écrivent les Drs Dehasse et de Buyser* : « Frustration sociale, frustration de liberté, conditionnement de type pavlovien enseignant que toute réunion, toute visite est une source potentielle d'émotions désagréables, vu l'isolement qui s'ensuit. Comment ne pas induire de cette manière de l'agressivité ? »

---

* *L'éducation du chien de 0 à 6 mois*, les Éditions de l'Homme, 1983.

Un bon truc pour la position « Pas bouger » . posez le collier sur le museau de votre compagnon

« Pas bouger »

Pour lui enseigner cet ordre, partez de la position « Assis » et employez la méthode que j'ai personnellement mise au point. Simple et efficace.

Le chien étant assis, faites semblant de lui passer son collier (de préférence en métal, plus souple et plus bruyant quand il va tomber) autour du cou et posez-le en fait sur son museau, devant les yeux, à la hauteur du chanfrein.

Placez votre main sous son menton pour lui maintenir la tête à l'horizontale, afin que le collier ne tombe pas.

L'attention du chien est attirée par cet objet placé devant ses yeux, il ne bouge pas.

Prononcez plusieurs fois l'ordre « Pas bouger », puis doucement lâchez votre main sous son menton. Le chien va baisser la tête, le collier va choir. Manifestez votre désolation avec force mots et ton adéquats. Recommencez la manœuvre plusieurs fois.

Très vite, il va comprendre la règle du jeu. Dès que le collier reste suspendu quelques secondes, signifiant que votre ami est resté immobile, exécutant votre ordre « Pas bouger », enlevez-le-lui, félicitez-le et caressez-le*.

Bientôt, vous n'aurez plus besoin de l'aide du collier.

---

* Plus tard, vous lui ferez tenir une balle de tennis en équilibre sur le museau. C'est beaucoup plus difficile... mais on obtient, du coup, une immobilité totale... qui lui fait bien comprendre qu'à l'ordre « Pas bouger », il doit se transformer en statue !

Vous pourrez pratiquer l'exercice de manière plus affinée, lors d'un jeu par exemple, quand le chien est au plus haut point d'excitation.

Sortez avec votre compagnon. Jouez avec lui au ballon. Au bout d'un moment, faites-le asseoir, reculez de quelques mètres et placez le ballon à vos pieds, comme si vous vous apprêtiez à shooter. Le chien guette la balle et a du mal à rester en place... Ordonnez alors « Pas bouger », et répétez l'ordre jusqu'à l'obéissance. Au début, une seconde ou deux suffisent. Profitez-en pour shooter et ordonner au chien « Va chercher » ou « Allez ».

Peu à peu, la durée de l'immobilité va augmenter, vous compliquerez l'exercice en tapant dans le ballon, lui laissant parcourir une dizaine de mètres avant de libérer votre toutou.

Quand on connaît le goût de nos compagnons pour le jeu, je vous garantis que cette attente est pénible, mais nécessaire.

Vous pourrez passer ensuite au stade numéro 3 de la difficulté en lançant un « Stop », alors que le chien court après le ballon. À ce stade, vous aurez gommé un certain nombre de soucis ultérieurs : le chien qui court après un cycliste ou une voiture et que vous pouvez ainsi stopper, évitant tout risque d'accident.

Le « Pas bouger » présente de nombreux avantages quand il est bien assimilé. Il apprend à l'animal à contrôler

Acquisition de la position « Pas bouger » avec le ballon, dans le jeu.

son impulsivité ; il permet de le « fixer » dans diverses positions, « Couché », « Assis », etc., que vous lui avez ordonnées.

Voilà un ordre indispensable à inculquer et à faire respecter lors de la descente des voitures (voir plus loin). Vous pouvez aussi l'associer à un geste : bras tendu à hauteur du visage, paume tournée vers le chien.

« Stop »

Cet ordre va souvent de pair avec le « Pas bouger », dans les exercices du rappel par exemple, ainsi que dans celui du « Debout » (voir plus loin).

Il s'agit de bloquer le chien au moment où il semble vouloir transgresser un ordre donné.

Ce n'est qu'en multipliant ces exercices que vous obtiendrez une obéissance au « Stop » qui, pour lui, doit être absolument impératif dans son application.

Le « Stop » et l'aboiement : une méthode empirique qui donne des résultats.

Je l'ai expérimenté également dans les problèmes d'aboiement réglés par la méthode de l'assimilation. Quand un chien a tendance à trop forcer au niveau de la voix, vous lui criez « Aboie » (je l'ai déjà écrit plus haut) en vous plaçant face à lui, les yeux dans les yeux, l'index pointé en avant. Il va assez rapidement associer le mot et son acte.

Au bout de quelques minutes, quand il faiblit, lancez-lui « Stop ». Dès que vous relevez le moindre début d'exécution, récompensez-le. Vous pouvez aussi, pour faciliter sa compréhension de l'exercice, lui empoigner le museau, le maintenir fermé et répéter l'ordre « Stop ».

Cette petite technique donne de bons résultats. Le chien comprend que ses « cris » peuvent être commandés et interrompus sur ordre du maître.

L'aboiement, manifestation naturelle chez le chien, cesse ainsi d'appartenir au « domaine réservé » de l'animal.

« *Viens* »
(le rappel)

S'il est un acte que l'on peut facilement faire exécuter à un chien, c'est bien le rappel. Animal social phénoménal qui recherche de manière innée le contact et la présence de son maître, il devrait être facile de le faire revenir vers soi. Et pourtant, c'est loin d'être le cas.

Il faut dire que nombre de maîtres lancent cet ordre, juste au moment de partir, après une balade en forêt ou dans un parc. Le chien traîne un peu, gambade dans la nature. L'énervement gagne alors le maître, le chien perçoit très vite sa colère et n'a aucune envie de revenir : il craint de se faire gronder.

Une association entre les deux événements est rapidement établie dans l'esprit de votre animal préféré. « Pourquoi revenir si c'est pour se faire gronder, ou parce que c'est la fin de la balade ? »

Au contraire, pratiquez plusieurs rappels au cours de l'après-midi, récompensez les réussites et renvoyez le chiot au jeu.

Exercice

Si votre chiot est très distrait, vous pouvez utiliser une laisse à enrouleur, en commençant par vous placer à une courte distance de lui. S'il n'obéit pas à votre rappel, tirez doucement sur la laisse pour le mettre en position de vous rejoindre. Dès qu'il arrive, félicitez-le.

Augmentez peu à peu les distances, puis quand le chiot a acquis le sens du rappel, vous le lui faites exécuter sans laisse. En vous accroupissant, les bras ouverts pour l'accueil, un large sourire (exagérez-le de manière à ce que le chien le perçoive), il y a de fortes chances pour que votre chien revienne.

Lancez l'ordre « Viens » d'un ton net (sans hurler, mais sans non plus parler entre vos dents !). Il s'agit d'interrompre le chiot dans l'une de ses activités, à quelques mètres de vous.

Ce « Viens » devra donc être suivi, si votre compagnon a obéi, d'une miniscène de jeu et de caresses.

Employer l'ordre « Au pied » revient à lui donner un commandement rigoureux qui ne saurait connaître la moindre discussion. Vous l'emploierez quand il sera plus grand.

Dès que l'appelé arrive à votre hauteur, il vous faut conclure le rappel par l'ordre « Assis ». Sage précaution qui vous permettra de bien le contrôler.

Il sera prêt à recevoir d'autres commandements. Cela est, par exemple, valable pour éviter qu'il ne vous dépasse, poursuivant sur sa lancée, ne tourne autour de vous, etc. Chaque ordre « Viens » lancé pour le rappel sera accompagné d'un claquement du plat de la main sur votre cuisse. Plus tard, ce simple geste suffira à le faire revenir près de vous.

D'un simple claquement de doigts, on peut rappeler à un chien qu'il doit, selon la situation, être assis, couché, avancer, reculer, etc.

J'ai appris à Junior à s'asseoir dans les ascenseurs... afin de l'empêcher de renifler les portes qui s'ouvrent et pourraient se refermer sur son museau. Il oublie parfois de le faire. Un simple claquement de doigts lui permet de se souvenir qu'il doit être assis... Notre numéro impressionne toujours ceux qui le voient !

Certains chiots ne posent pas de problèmes particuliers au rappel, mais ils auraient plutôt tendance au contraire à précéder vos désirs. Ils reviennent vers vous, sans ordre. Là aussi, vous devez intervenir dès leur plus jeune âge.

Exercice

Placez-vous à une faible distance de l'animal, à deux ou trois mètres environ. Lancez les ordres « Assis » et « Pas bouger ». Dès qu'ils sont exécutés, reculez-vous lentement, tout en « immobilisant » le chiot avec « Pas bouger », et même « Stop » s'il fait mine de se lever.

Appelez-le ensuite en lançant « Viens » et en tapant votre cuisse de la paume de la main. Une fois le chien à vos côtés, faites-le asseoir et félicitez-le.

Vous répéterez l'exercice en augmentant les distances : cinq, six, huit mètres. Au-delà, c'est-à-dire entre huit et dix mètres, se situe ce que l'on appelle « le seuil d'angoisse ». Vous pourrez le franchir plus tard avec un chien adulte.

Exercice dans le cas d'une désobéissance au rappel

Il semble n'y avoir rien à faire : le chiot revient à vous, sans avoir reçu un ordre, saisi par l'angoisse d'être séparé de vous.

Arrêtez-le d'un ferme « Pas bouger » (ou « Stop » s'il persiste, et en tendant la main, paume en avant). S'il obéit, appelez-le, félicitez-le à son arrivée auprès de vous.

S'il avance toujours malgré votre « Pas bouger », lancez un sec « Assis ». Il obéit (enfin ?) alors appel et récompense...

S'il persiste encore à revenir vers vous, ordonnez « Au pied » sur un ton de commandement ; saisissez-le par le collier et ramenez-le au point de départ. Recommencez (mais à une plus courte distance cette fois).

Le lendemain, vous renouvellerez cet exercice en approchant à nouveau le « seuil d'angoisse ». Peu à peu, vous le constaterez, votre petit protégé tiendra le « Pas bouger » avant le rappel.

Certains conseillent l'exercice suivant quand le chiot au contraire fait preuve d'une résistance anormale au rappel. Il implique la présence d'un complice. Il jouera le rôle de la

« foudre de Jupiter » selon l'expression des Drs Dehasse et de Buyser.

Hors de la vue du chien récalcitrant, il lance vers ce dernier un trousseau de clefs, une boîte métallique, etc., tous objets bruyants, qu'on appelle les « stimuli d'aversion », qui vont finalement faire revenir le chien vers vous.

En tout cas, ces stimuli sont préférables aux châtaignes que certains suggèrent d'utiliser avec un lance-pierres.

Tous ces exercices de rappel ne doivent pas durer trop longtemps et doivent toujours se terminer par des caresses et beaucoup d'affection.

Ne croyez surtout pas que c'est en vous bloquant une journée ou deux à la campagne que vous aurez éduqué votre chien. Chez nos braves toutous, mieux vaut privilégier le contrôle continu plutôt que les sessions intensives. Et ce conseil vaut pour tous les exercices ; n'oubliez pas : patience et obstination !

« Au pied »

Contrairement à ce que beaucoup font, cet ordre n'a rien à voir avec le rappel (qui est régi par un amical « Viens »). « Au pied » est un commandement assez sec de ton qui ne souffre pas la moindre discussion.

Vous l'emploierez par exemple quand, lors d'une promenade sans laisse, vous voudrez empêcher votre compagnon d'affronter un congénère.

Dès que le chien vous a rejoint, ordonnez aussitôt « Assis ». Pour effectuer cet exercice, tâchez de vous placer dans un lieu clos, surtout si le chien est jeune, ou si vous venez de l'adopter. Cela vous rassurera ; et votre assurance « déteindra » sur votre chien. L'exercice se déroulera sans « pression », comme l'on dit dans le langage sportif.

« Au pied » est également un ordre très utile d'emploi, par exemple lors d'une balade avec votre chien tenu en laisse. Lancez l'ordre « Au pied » chaque fois que votre compagnon envisage de tirer... sur la corde. Je vous assure que les promenades en ville seront, quand cet ordre aura été bien inculqué, beaucoup plus agréables. Pour vous, comme pour lui !

Deuxième volet de l'utilisation de l'ordre « Au pied », la promenade en ville, qui vise à maintenir à vos côtés votre chien. (Nous en reparlerons plus loin.)

« Allez »

Cet ordre indique au chien que vous l'autorisez à se mettre en mouvement. Vous l'utiliserez par exemple pour la marche en laisse et pour donner l'ordre de traverser une rue à un feu rouge.

Pour la marche en laisse, votre chien étant assis ou debout à vos côtés, effectuez un pas en avant, le chien doit rester sur place.

S'il bouge, recommencez, en lui lançant « Pas bouger ». Il ne doit démarrer que lorsque vous dites « Allez », en avançant le pied. Au début, ne laissez pas trop longtemps votre élève dans l'attente. Progressivement, vous augmenterez cette durée.

Cet ordre précieux permet de bien contrôler son chien et de réduire l'excitation liée au départ en promenade, ou provoquée par la simple vue de la laisse.

« Va chercher » et « Rapporte »

Ces ordres appartiennent plus au domaine du jeu qu'à celui de l'éducation proprement dite, mais ils s'intègrent aussi dans nos exercices. Par exemple, pour habituer le chien au rappel, vous pouvez lui lancer un bâton ou un chiffon, qu'il vous rapportera instinctivement et d'abord par jeu. Vous profiterez de son retour pour le féliciter. Une fois encore, l'acte aura précédé l'ordre.

Faisons ici une parenthèse à propos de ce que j'appelle « le grignotage ». C'est-à-dire le cas du chien qui n'obéit pas complètement à un ordre donné, mine de rien. L'animal qui rapporte, mais qui s'arrête à deux mètres de vous...

Chaque fois qu'il fait cela (et c'est valable aussi avec les ordres « Allez », « Pas bouger » ou lors du rappel), vous devez le remettre toujours exactement à la place qu'il a quittée sans ordre ou l'obliger à venir tout près de vous. Cela est très important.

« *Debout* »

Voilà un ordre difficile à inculquer, car ni la laisse ni surtout la main ne pourront vous servir (comme pour l'apprentissage du « Couché »).

Le chien étant couché ou assis, ordonnez « Debout », en reculant. Le chien va se lever pour vous suivre. Dès qu'il est sur ses pattes, lancez « Stop », suivi quelques secondes plus tard de « Pas bouger ».

Réduisez peu à peu le temps qui sépare les deux ordres ; il va comprendre que, « Debout » entraînant aussitôt « Stop » et « Pas bouger », cet ordre exige qu'on se lève et que l'on reste sur place.

Vous pouvez l'obtenir aussi par assimilation lors d'un exercice de rappel par exemple.

« *Recule* »

Encore un ordre qui implique un mouvement inhabituel chez le chien (même si vous êtes nombreux à constater que votre chien recule facilement).

Ne croyez pas enseigner le recul en poussant votre chien : il aura tendance aussitôt à se retourner en pirouettant. La seule méthode valable fonctionne par assimilation.

Avec Junior, j'ai obtenu le recul en jouant au ballon avec lui. Au moment où je faisais mine de lancer le ballon, il reculait. Il suffisait donc que je prononce ce mot (« Recule ») au moment où il exécutait cette action.

Ces deux ordres « Debout » et « Recule » sont très efficaces pour contrôler son chien. Ainsi le « Recule » se révèle utile en ville, en attendant de pouvoir traverser, si les voitures (et surtout les autobus) frôlent le trottoir de trop près.

« *Touche pas* »

Cet ordre très peu enseigné par les maîtres est pourtant d'une importance vitale. Il faut habituer son chien à refuser les appâts traînant par terre, ou tendus par une main inconnue et peut-être malveillante.

Pour le chien de ville, ce sera le refus des friandises. Junior en sait quelque chose dans les cocktails (lui si gourmand !). Je lui ai appris à ne pas accepter de nourriture proposée par une main droite (il y a encore plus de droitiers que de gauchers)... Mais avec l'âge, il a trouvé une parade : il renifle la main droite, puis fixe obstinément la main gauche du « tentateur ».

Il arrive parfois que ce dernier comprenne la manœuvre et propose le « canapé » de la main gauche : Junior a gagné * ! Le « Touche pas » évitera aussi à votre compagnon d'absorber des médicaments ou autres matières dangereuses qui, hélas, traînent trop souvent dans les appartements.

Pour le chien à la campagne, c'est encore plus utile lorsque l'on connaît le nombre de cas d'empoisonnements, par accident ou par malveillance, d'animaux ayant ingéré des graines toxiques ou autres insecticides ou même l'antigel dans le garage. (Voir plus loin le refus de l'appât.)

Plusieurs exercices peuvent être mis en pratique.

---

* Ce refus de « la main droite » est assez facilement obtenu : il vous suffit de tendre à plusieurs reprises le morceau de viande convoité de la dextre et de retirer vivement celle-ci quand le chien s'apprête à le manger, en disant : « Touche pas », puis bien évidemment de passer le morceau dans la main gauche et de dire : « Tu peux. » Au bout d'un certain temps, votre chien aura compris.

Le « Beurk » peut faire assimiler l'ordre « Pas toucher ».

D'abord le simple « Beurk » que j'utilise avec Junior pour le dissuader de toucher à une nourriture de rencontre. Cela marche quelquefois.

Existe aussi la formule des appâts piégés au poivre pour dégoûter l'animal : mais celui-ci peut arriver à flairer le piège et ne pas se laisser avoir...

À ce commandement, certains en ajoutent un autre : « Non ! » Il leur sert d'interdit général, de coup de fouet vocal. Prononcé à voix forte pour signifier au chien qu'il ne doit pas faire ce qu'il est en train (ou sur le point) d'effectuer : aboiement, sauter sur les gens, désobéissance à un ordre donné, etc. Personnellement, je ne l'emploie pas. A vous de constater si ce « Non » peut vous être utile ou pas *.

***

L'apprentissage de ces ordres doit se faire par une succession de petits exercices, ponctués de récompenses (caresses ou friandises, à chacun de savoir doser) et de moments de détente (jeux avec le chien, à chacun de les inventer).

---

* Existe aussi la formule des appâts piégés au poivre. Le chien devant vous renifle la viande... Vous dites : « Non. » Il passe outre... et se rend compte que c'est mauvais. Désormais, quand vous direz non... il vous croira.

Ces moments permettent de rompre l'enseignement et en même temps font naître entre le chien et son maître une complicité incroyable. De plus, ils auront l'avantage de sécuriser l'animal, de le mettre en confiance : vous voyant content, il comprendra qu'il a bien travaillé, qu'il vous a fait plaisir; ce qui est le but de tout chien normalement constitué.

Si vous avez déjà vu dans l'émission des reportages sur les chiens de travail (recherche de drogue, d'explosifs), vous aurez sûrement remarqué qu'une fois l'exercice réussi, le maître libère la concentration, la tension nées du travail en jouant avec son compagnon (un ballon, une poupée de chiffon, etc.), avec force démonstrations de bourrades et de caresses. C'est ce moment privilégié que vous ne devez pas oublier de « créer » à l'issue des exercices...

3.

Les grands principes

Que de dons, que de qualités doit posséder notre ami le chien pour partager depuis 10 à 12 000 ans notre existence pour le meilleur et parfois, hélas, pour le pire (mais ce n'est jamais de son fait).

Quel fabuleux mystère préside à cette union sacrée entre l'humain et le chien ?

Pour tenter de bien comprendre l'animal (et donc de bien nous conduire avec lui), une explication peut nous être donnée par l'observation d'une meute de loups. Car le chien, tous les éthologues vous le diront, est un loup apprivoisé.

Connaître un peu le fonctionnement de la meute apporte des informations sur le chien, surtout pour ce qui concerne ses rapports avec nous, au sein de la famille.

En accueillant un chien chez soi, on introduit un nouveau membre dans la « meute ».

Ceux qui ont pu suivre un groupe de loups nous apprennent que cet animal n'a rien de la bête féroce des contes de notre enfance.

Il s'agit d'un être vivant au sein d'une société très bien organisée, fondée sur un double ordre hiérarchique très clairement établi : un pour les mâles, un pour les femelles.

Au sommet de l'édifice social un loup mâle, âgé. Aucun rapport hiérarchique ne s'établit entre adultes des deux sexes et aucune hiérarchie ne s'exerce de la part des adultes sur les louveteaux : aucun loup n'agressera un louveteau.

La meute maintient en permanence un équilibre entre l'intérêt et l'individu, et celui de la communauté. Les combats sont rares, l'essentiel étant de chasser (pour se nourrir) et d'élever les petits (pour la survie de la meute). Si le louveteau est, dans les premiers mois de son existence, le centre d'intérêt de la meute, il n'en est plus de même quand il atteint l'âge de cinq à six mois.

À ce moment-là de sa vie, il s'intègre à la meute, à son rang hiérarchique.

« Si par la suite on revoit les loups les plus âgés dormir près des petits, c'est que le lien s'est inversé : il va à présent du louveteau vers l'adulte et non de l'adulte vers le louveteau. Celui-ci suit de plus en plus la meute et se couche où elle se couche ; de la relation entre les loups et les " louveteaux " est née une relation entre membres de la même meute *. »

Quand nous acquérons un chiot, il bouleverse notre univers, notre « meute », mais, les années passant, nombreux sont les maîtres qui le maintiennent au centre de leur vie.

Le dominant, le chef de meute, devient l'animal (et dites-vous qu'il n'aura aucun mal à en endosser le rôle !) avec tous les risques et les désagréments que cela comporte.

C'est vous, le chef de meute, à vous de clairement le démontrer à votre chien dès son plus jeune âge.

Il ne faut pas non plus que votre rôle soit contesté devant lui par quelqu'un de votre famille. Ainsi, essayez, dans la mesure du possible, de ne pas déclencher de scènes de ménage en présence de votre toutou...

Il ne comprendrait pas qu'un autre membre de la famille (de la meute) — comme lui — conteste votre autorité.

Après l'acquisition des commandements (du moins les plus faciles à assimiler par le chiot), après l'acquisition

---

* Édith Saliou, *Tel maître, tel chien,* à propos des travaux de l'éthologue Erik Zimer.

supposée des règles de base, vous êtes arrivé à un résultat d'importance : avec des gestes naturels vous avez commencé son éducation. Le chien a déjà compris qu'une volonté plus forte que la sienne s'impose à lui.

Il y a dans son univers quelqu'un qui commande. Pratiquement, durant les huit premiers jours de vie avec votre nouveau compagnon, si vous avez été très attentif et un peu sévère, la moitié du travail est accomplie. Et quelle que soit la race.

C'est par la suite seulement que certains se révéleront les plus tenaces, les plus malins ou les plus amorphes. En vous rappelant toujours que, chaque fois que vous donnez un ordre à votre chien, vous lui dites : « Tu existes ! » Et qu'il est donc heureux.

L'usage de la laisse

Nous avons parlé dans le premier chapitre des premières sorties du chiot, en mettant de côté la question de la laisse et du collier, puisqu'il s'agissait d'abord de promenades digestives et hygiéniques.

Il est évident que dès la première promenade vous devez passer sa laisse au chiot. Je rappelle qu'elle est une obligation en ville, un peu comme la ceinture de sécurité pour les automobilistes.

Il faut donc tout de suite, ici aussi, mettre en place le processus des rituels. La laisse et le collier seront là où ils devront toujours être. Au bout de huit à dix jours, le chiot saura où ils se trouvent.

Vous pouvez les accrocher à un clou sur une porte, ou sur le mur, ou encore les poser à un endroit précis (sur une commode).

Une petite astuce à ce sujet : évitez de les accrocher au portemanteau. Car chaque fois que vous ou un membre de votre famille, ou encore un invité sur le départ, s'en approchera, votre chien pourra croire que c'est le moment de la promenade.

Les rituels étant acquis par votre toutou, le fait de sortir sans prendre le collier, sans toucher à la laisse lui fera comprendre (et accepter) que vous partez sans lui. Il n'y aura pas de doute dans son esprit.

S'en tenir à cette règle est important et les membres de la famille, surtout les enfants, ne doivent pas jouer avec la laisse s'ils ne comptent pas sortir avec le chien.

Pour son équilibre, il a besoin de repères précis ; cela évitera tous les énervements liés au fait qu'il ne saisit plus clairement ce que vous lui signifiez.

Exercice n° 1

Prenez le collier, présentez-le-lui et prononcez le mot « collier ». Il n'assimilera pas tout de suite, mais le mot restera gravé dans sa mémoire. Durant une dizaine de secondes, déposez le collier sur le chanfrein (voir ordre « Pas bouger », chapitre précédent). Recommencez si nécessaire.

Exercice n° 2

Le collier étant à son cou, prenez lentement la laisse, présentez-la-lui en prononçant deux ou trois fois les mots « À la laisse » *, et accrochez-la au collier. Le chien reste bien entendu assis, durant toute cette manœuvre ; félicitez-le si tout se passe bien, c'est-à-dire sans qu'il ait manifesté trop d'excitation.

Exercice n° 3

Vous sortez avec lui, dans l'ascenseur, dans l'escalier ou dans le jardin, en le tenant donc en laisse (en cuir, très courte, 50 centimètres maximum). Vous ne lui donnez aucune liberté de manœuvre.

« Collier », « À la laisse ». Ce sont des mots qu'il ne comprend pas encore mais qu'il enregistre.

---

* Comme il ne comprend pas encore les mots que vous êtes en train de prononcer, inutile de les lui répéter vingt ou trente fois. Cela ne sert à rien.

Ces mots vont lui devenir peu à peu familiers, tout comme à vous. Le rituel est fait autant pour vous que pour lui.

La laisse et la rue

Une fois dans la rue, vous allez lui apprendre à marcher en laisse. Placez-le à votre gauche, de manière que votre main droite reste libre pour tenir des objets, saluer quelqu'un, ouvrir une porte, etc. (Si vous êtes gaucher, il marchera à votre côté droit.)

Des qu'il s'écarte de vous, ramenez-le par une petite traction sèche, en criant « Au pied ». S'il s'obstine, donnez-lui un petit coup de laisse sur le museau.

Souvent le chiot (le chien adulte adopté aussi) va se mettre à tirer sur la laisse. Combien de maîtres vivent ainsi un calvaire lors des promenades, car ils se font véritablement remorquer par leur chien, gros ou petit, jeune ou vieux. Cette situation est insupportable pour le maître, les passants et le chien lui-même, car n'étant pas contrôlé, il représente un danger.

Il peut en effet faire tomber la personne qui le mène en laisse, ou encore renverser un piéton. Avec des risques de blessures pour les uns et pour les autres.

Outre la fatigue que cela représente pour son maître, le chien qui tire peut provoquer un accident.

Autant de dangers qui doivent vous convaincre de la nécessité de bien contrôler votre compagnon lors des promenades en ville. Et dites-vous bien que ce ne sont pas les colliers étrangleurs qui résoudront le problème.

Quand vous marchez avec votre chien en laisse, vous devez au début vous intéresser à lui, lui parler, retenir son attention (ce qui vous permettra de détourner celle-ci d'un congénère « agressif » ou d'un chat).

Exercice

Pour le préparer à une future liberté, lors de vos promenades, effectuez de nombreux et fréquents changements de direction. Tournez brusquement à angle droit, faites des huit, marquez des « Stops », provoquez des faux départs, etc. Félicitez-le dès qu'il réussit et qu'il marche bien à votre hauteur.

Ce suivi à la laisse vous permettra bientôt de passer à la « laisse invisible », votre chien vous obéissant alors sur simple ordre ou geste.

L'habitude aux bruits

L'habitude des bruits de la vie quotidienne rassure le chien et évite des paniques ultérieures.

Nous l'avons précisé dans le premier chapitre, un bon éleveur doit confronter le chiot à divers bruits, de manière à l'y habituer.

Une fois le chiot chez vous, vous allez continuer : bruits domestiques (aspirateur, chute d'objets métalliques sur le carrelage de la cuisine, jouets sonores des enfants, télévision, chaîne hi-fi, etc.). Ceci évitera au chien d'avoir des peurs soudaines, nées d'un bruit imprévu. Ces peurs peuvent déboucher à l'extérieur sur une véritable panique, devenant dramatique (fuite, bond sur la chaussée).

Exercice

Dès les premières promenades, demandez à un proche de croiser votre chemin et, une fois arrivé à hauteur du chien, de frapper dans ses mains brusquement, ou de taper du pied de manière à le surprendre. Cela permet de lutter, dès le départ, contre certaines craintes qu'un animal peut ressentir.

Pensez également aux pétards du 14 juillet. Un jour « noir » pour nos compagnons. Le lendemain de la Fête nationale, nous sommes submergés à l'émission par les appels au secours de maîtres dont le chien s'est enfui, effrayé par les pétarades du feu d'artifice. Ces frayeurs soudaines ne concernent pas uniquement les chiots. Ainsi Mabrouk, à l'âge de cinq ans, s'est mis brusquement à avoir peur... de l'orage ! Il faut dire que les voisins, sans nous prévenir, avaient tiré un feu d'artifice dans leur jardin. Le bruit des explosions de fusées qui descendaient du ciel (certaines tombaient même sur son « territoire ») a effrayé Mab qui, comme tous les chiens (et les Gaulois), « avait peur que le ciel ne lui tombe sur la tête ». Le bruit du tonnerre lui fit le même effet !

Instruit par cette expérience, j'ai pris soin d'habituer Junior aux armes à feu, aux pétards et fusées de feu d'artifice. Le fait qu'un chien éprouve des peurs subites de ce genre n'est en rien anormal en soi. Le problème réside dans la conséquence éventuelle de ces paniques : la fuite de votre toutou, avec transgression de tous les ordres et les interdits que vous lui avez inculqués, et au final un risque pour sa vie.

La traversée de la rue

Voilà un acte très important. Il faut le faire comprendre à votre chien. Une très grande dramatisation doit donc être créée à cette occasion.

Exercice

Avant que le chiot à la laisse ne s'engage sur la chaussée, arrêtez-le et criez « Stop ». Faites un peu de cinéma, de grands gestes, prononcez le mot « voiture », ordonnez « Pas bouger ». Le chien doit se tenir immobile une ou deux secondes, avant le « Allez » qui autorise la traversée.

Renouvelez plusieurs fois cet exercice, sur plusieurs séances, en allongeant peu à peu le délai d'attente avant l'ordre « Allez ».

Un truc pour vérifier au bout de quelques jours que votre chien a tout compris : engagez-vous sur la chaussée, sans tenir compte de lui. Vous sentirez une résistance à la laisse. Votre élève sera resté sur le trottoir, attendant l'ordre « Allez ». S'il n'a pas marqué l'arrêt, vous devez retourner sur le trottoir et manifester votre mécontentement.

À la campagne, les choses sont à la fois plus simples et plus compliquées. Plus simples dans la mesure où, dès le début, vous devez apprendre à votre compagnon à réagir au bruit d'un moteur de voiture. Il doit acquérir le plus grand respect pour cet engin, ce véritable monstre de métal.

Exercice n° 1

Marchez au début avec lui, en laisse, sur le bord de la route du côté droit. Dès qu'une voiture passe, faites-le asseoir. Doublez votre commandement « Assis » du « Pas bouger ». Dès que votre ordre est exécuté, une fois la voiture disparue, félicitez votre compagnon, et reprenez votre promenade, en lançant « Allez ».

Exercice n° 2

Vous allez perfectionner cette éducation des bords de route en enlevant la laisse cette fois-ci. Le chien est donc libre. Il marche à côté de vous, ou devant vous à quelques mètres. Chaque fois qu'apparaît un véhicule, lancez à votre compagnon le mot « Voiture », sur un ton de commandement. Vous lui apprenez qu'à cet ordre, il doit rester sur le bord de la route, s'asseoir. Cette immobilité est capitale, car elle contrôle son impulsivité. Le fait de s'asseoir empêchera votre chien de faire un écart, même invonlontaire, ou de réagir en bougeant parce qu'un gravillon aura été projeté vers lui au passage de la voiture, ou encore parce qu'il aura vu un chat, etc. De même, vous devez « l'enguirlander » de la manière la plus théâtrale s'il fait mine de se mettre sur la route, ou pis, de la traverser.

Le « déshabillage » au retour

Trop de personnes enlèvent la laisse dans l'escalier ou l'ascenseur, ou en tout cas au moment d'ouvrir la porte de leur appartement.

Exercice

Faites le contraire : à chaque fois que vous vous immobilisez (en attendant l'ascenseur, devant la porte palière le temps de sortir votre clef ou pour prendre votre courrier, etc.), faites asseoir votre animal. Vous appliquerez aussi ce principe lors de vos promenades, quand vous vous arrêterez (pour parler avec des amis, acheter le journal, etc.).

Pour l'instant, le chien étant en laisse, cela est facile à obtenir.

Plus tard, sans sa « chaîne », il le fera automatiquement. En le maintenant en laisse ou assis, vous pourrez ultérieurement contenir son impulsivité.

Le chien étant donc resté à vos côtés, entrez dans le vestibule. Effectuez en sens inverse les opérations du départ en promenade. Vous prononcez les mots « Assis », « Collier », décrochez la laisse, faites glisser le collier par-dessus les oreilles et arrêtez-le quelques secondes sur le museau : puis enlevez-le en félicitant votre toutou.

Les mots associés aux actions font leur chemin dans sa mémoire. En quinze jours, le chien pourra garder son collier en équilibre. Cette petite « comédie » vous permettra ensuite de lui apprendre le « Pas bouger ».

À chaque sortie, faites exactement les mêmes opérations, sans vous décourager. Dans huit mois, huit ans, vous exécuterez le même cérémonial pour sortir et rentrer de promenade.

Ce contrôle du chien, à l'arrivée chez vous, vous sera bien utile dans le futur, pour une raison toute simple : éviter que le chien mouillé et crotté ne salisse trop votre intérieur (ou celui de vos amis) avant que vous ayez pu le sécher avec une serviette.

Le chien et la voiture

De même que le chien doit « respecter » la voiture (c'est-à-dire la craindre) quand il est dans la rue, il faut lui inculquer ce même respect à l'intérieur du véhicule.

Rien n'est plus agaçant et plus dangereux qu'un chien insupportable en auto. Vous êtes nombreux à nous écrire et à nous téléphoner pour vous plaindre de ne pouvoir contrôler votre animal lors de vos déplacements (courts ou longs).

Le chien clabaude * sur tout le trajet ou saute sans arrêt d'une banquette à l'autre. Dès que vous êtes arrivé, il ne tient plus en place ; la portière à peine ouverte, il sort comme un fou (avant que vous ayez pu le retenir).

Dès la première semaine de vie commune avec votre

---

* Du verbe clabauder : aboyer fort et souvent.

chiot, vous lui offrirez deux ou trois promenades en voiture. Le chien est à la laisse. Pour ces premières balades, votre femme (ou votre mari), l'un de vos enfants ou un ami doit être avec vous.

La montée en voiture

À la campagne, on n'admettra jamais la présence du chien dans le garage. Lieu interdit, trop de dangers l'y guettent, tels des produits toxiques, et le pire : se faire écraser au moment où vous sortez la voiture, sans avoir vu qu'il faisait la sieste derrière une roue. Cela arrive, hélas, plus souvent qu'on ne le croit.

L'animal a tendance à tourner autour de la voiture, il faut l'immobiliser. Lancez « Assis », puis « Pas bouger ». Très vite, il comprendra qu'avant de monter en voiture, il doit s'immobiliser.

Exercice

La personne qui vous accompagne monte à l'arrière du véhicule ; le chien est en laisse, avec vous, au bord du trottoir. Ouvrez la porte par laquelle il va entrer dans la voiture. Voyant l'autre membre de la famille déjà installé, le chien va vouloir s'y précipiter.

Maintenez-le assis. Dès que vous obtenez quelques secondes de calme, passez la laisse au passager, l'animal toujours assis sur le trottoir, pour mieux assurer sa sécurité. Lancez l'ordre « Allez » et faites-le monter dans la voiture. Ne refermez pas la porte avant qu'il ait rejoint sa place (à l'arrière, sur le sol, n'oubliez pas). Demandez au passager de l'obliger à le faire et de l'y maintenir grâce à la laisse. Mettez-vous au volant et démarrez, pour une promenade d'une demi-heure. Conduisez tranquillement (pas de secousses, pas de virages à 90°). Évitez de rendre le chien malade. Vous êtes en train de l'habituer à la voiture, et donc inutile de lui donner le mal d'auto !...

La descente de voiture

Arrêtez-vous dans un endroit tranquille pour effectuer l'exercice de descente de voiture, encore plus important que celui de la montée.

Avec cette difficulté que votre discipline devra être d'autant plus pointue que votre toutou n'aura pas de repère (comme en ville avec la bordure du trottoir qui est vite assimilée, par lui, comme une limite qu'on ne franchit pas sans l'ordre « Allez »).

Exercice

Tandis que la personne qui vous accompagne maintient le chien à sa place grâce à la laisse, descendez et ouvrez la portière. Selon son caractère, un chien restera soit prostré, soit sera tout excité. Ne dites rien, silence absolu. Demandez qu'on le laisse s'approcher de la sortie, mais sans qu'il puisse sauter sur la route.

Ordonnez à ce moment « Pas bouger ». Répétez l'ordre et faites signe au passager de vous rendre (discrètement) la laisse. Le chien s'étant immobilisé quelques secondes, lancez « Allez ». Faites quelques tours à pied, puis remontez en voiture avec le même cérémonial.

Roulez une dizaine de minutes et recommencez l'exercice. Si vous possédez une voiture avec un hayon arrière (la cinquième porte), pratiquez de la même manière ; c'est peut-être un peu plus difficile car la plage de sortie est plus large.

Mais au début, en tenant toujours le bout de la laisse, vous ne rencontrerez pas de difficulté majeure *. Si votre chien s'avère réticent, poussez-le à la faute avec l'exercice suivant.

---

* Avec un hayon, votre chien doit descendre du trottoir pour sauter dans le véhicule... Soyez donc encore plus attentif aux ordres... qui précèdent cette descente dans la rue.

Exercice

Toujours maintenu à la laisse, laissez-le sortir de voiture sans que vous lui en ayez donné l'ordre et, du coup, faites un véritable drame avec, au besoin, une bonne tape sur le museau. Réintégrez-le dans la voiture, en étant scandalisé et en hurlant que vous n'avez « jamais vu un aussi mauvais chien ».

Attention à ne pas trop jouer la comédie, car il le reconnaîtrait au ton de votre voix. Soyez sincère dans votre mécontentement.

Une fois cette première étape acquise, vous referez l'exercice sans laisse. Arrêtez la voiture, descendez, lancez le « Pas bouger »; ouvrez la portière et attendez. Si le chien reste immobile, ordonnez « Allez », en le prenant par le collier. Après un certain nombre d'exercices, vous supprimerez le « Pas bouger » ; vous contentant d'ouvrir la portière, le chien ne descendra que sur le « Allez ».

De temps à autre, il faudra tester votre chien, en ouvrant la portière (dans un endroit tranquille) et en feignant de l'oublier. Il devra rester dans la voiture puisque vous n'aurez pas prononcé « Allez ». Au fur et à mesure, vous augmenterez la durée de vos « absences ». Bien sûr, au retour vous le féliciterez.

Pouvoir contrôler son chien à la descente de voiture est capital, vital même. Cela évite bien des drames : comme les fugues sur les aires d'autoroutes, ou pis, le chien écrasé par une automobile.

L'aboiement en voiture

Second problème, fréquemment rencontré en voiture, l'aboiement intempestif et insupportable, aussi bien pour le conducteur, les passagers que pour les passants. L'éducation, je le rappelle ici, sert à « civiliser » votre compagnon dans la cité des hommes ; même si ceux-ci ne font pas tout pour bien l'accueillir.

Sauf à vouloir un molosse aboyant dans la voiture dès qu'un passant vous demande son chemin, ou qu'un employé de péage sur l'autoroute vous tend la monnaie de votre droit de passage, vous devez, dès le début, habituer votre chien à avoir des contacts dans votre voiture avec des passants. Certains animaux développent un esprit de gardien plus aigu que d'autres et ne laissent personne approcher du véhicule.

À ce sujet, les comportements de Junior et de Mabrouk me semblent significatifs dans leurs différences.

Junior laisse toute personne monter dans la voiture, sauf si j'élève la voix. Mabrouk, lui, refusait que quelqu'un s'installe directement dans le véhicule (à part sa maîtresse et les enfants).

Il fallait donc que je le fasse descendre, que la personne s'asseye. Il remontait alors sans problème dans « sa » voiture et disait même bonjour gentiment au nouvel occupant.

Avec les adultes, les chiens développent des attitudes de défense du territoire, comme dans la maison. Dans la voiture enfin, l'animal n'a pas de possibilité de fuite, il va donc faire preuve d'une plus grande agressivité et « parler fort ».

Certains commencent à aboyer quand quelqu'un s'approche, ou se mettent à hurler dès qu'ils sont dans le véhicule ou que celui-ci roule. Une sorte d'engrenage se met en route. Il faut donc dès le départ ne pas lui donner l'occasion de se manifester.

Exercice

Partez en voiture avec le chien. Dès qu'il aboie, vous retournez à votre domicile et l'y laissez.

Répétez l'exercice plusieurs fois pour bien lui montrer qu'à chaque fois qu'il aboie, il est « éjecté » de son deuxième « chez lui ».

En quelque temps vous obtiendrez de bons résultats, vous pourrez voyager tranquillement et votre copain aussi. Il est admis que le chien peut aboyer ou plutôt gémir de plaisir en fin de trajet, quand il reconnaît par exemple les derniers mètres qui mènent à sa maison.

L'aboiement sur commande peut également être essayé sur les récalcitrants.

La séparation

Malgré les exercices des premiers jours pour éviter les clabaudages ou gémissements causés par la séparation, il se peut que le chien persiste et donne toujours de la voix.

Vérifiez que vous lui avez bien fait exécuter les exercices du début (voir chapitre 1). Rappelez-vous que votre départ ne doit être accompagné d'aucun cérémonial.

Beaucoup de maîtres conditionnent littéralement leur chien, lui parlent, le rassurent (ou du moins le croient-ils, alors qu'ils ne font que lui transmettre leur propre angoisse avec des questions du genre « Pourvu qu'il n'aboie pas, qu'il ne saccage pas », etc.).

En un mot, ces maîtres attirent l'attention de leur compagnon qui ne comprend pas leur inquiétude.

Comment voulez-vous, dans de telles conditions, que le pauvre toutou ne soit pas enclin à se poser lui aussi des questions et surtout, dès votre départ, ne ressente pas un isolement insupportable ?

Exercice

Préparez-vous à partir sans vous occuper de votre chien. Ne lui accordez plus la moindre attention, une dizaine de minutes avant de franchir le seuil de votre porte.

Sortez le plus naturellement du monde, et attendez derrière la porte... assez loin cependant pour que votre compagnon ne vous « renifle » pas. Écoutez ses réactions : s'il aboie, revenez, grondez-le gentiment mais fermement.

Certains préconisent de lui lancer un verre d'eau à la figure (ce qui est trop) ou un trousseau de clefs à ses pieds sans dire un mot (ce qui est mieux). En règle générale, jeter quelque chose à côté du chien est un bon moyen pour lui faire exécuter un ordre. Car cela le surprend dans son action, et donc le ramène à l'obéissance.

Ressortez, toujours sans un mot, et augmentez la durée de l'isolement à partir du moment où il s'est bien comporté. Cet apprentissage peut s'effectuer le temps d'un week-end.

Téléphonez-lui

Pour faciliter cet isolement, d'autant que lorsque vous irez travailler vous serez, bien souvent, absent toute la journée, vous pouvez laisser à votre chien des distractions sonores : radio, télévision, ou encore, dernier-né de la technologie, le magnétophone à commande vocale. Enregistrez votre voix sur cassette; elle se déclenchera au bruit : c'est-à-dire au premier gémissement un peu fort, ou au premier aboiement.

Vous pouvez également, si vous disposez d'un répondeur téléphonique..., téléphoner à votre chien. Il entendra votre voix et se calmera s'il était en train d'aboyer, par exemple.

Il existe maintenant une nouvelle génération de répondeurs, ceux sur lesquels non seulement on peut laisser un message mais qui permettent également d'écouter ce qui se passe chez soi.

Dans les appartements collectifs, l'aboiement pose des problèmes de voisinage. Certains téléspectateurs nous écrivent qu'ils sont sous le coup d'une plainte pour aboiement permanent de leur animal.

Cette situation n'est certes pas confortable, mais dites-vous cependant qu'en règle générale, le chien aboie tout de suite après votre départ et se calme ensuite *.

À côté des accessoires sonores, vous n'oublierez pas de

* Il existe bien entendu des exceptions. Certains sujets, plus récalcitrants, ont tendance à aboyer — ou à gémir — pendant une durée plus longue. D'autres, par contre, peuvent rester des heures dans une voiture tout à fait tranquillement alors qu'ils hurlent dans l'appartement. Peut-être ont-ils l'impression que vous n'êtes pas loin, que votre absence sera courte ! Si vous dînez en ville, au lieu de le laisser seul à la maison, vous pouvez l'emmener et le laisser dans le véhicule... à condition que celui-ci soit « archi-bien-garé » !

laisser au chien ses jouets et son os que vous aurez préalablement imprégné de votre odeur en le malaxant.

Quant aux « destructions », elles interviennent environ une demi-heure avant votre retour, comme l'explique le Dr Patrick Pageat, qui dirige une consultation de comportement à l'École vétérinaire de Maisons-Alfort.

La séparation peut conduire, en effet, le chien à effectuer ce que l'on nomme habituellement des dégâts (des « destructions »). À votre retour, vous ne pouvez que constater les méfaits : bas de portes abîmés, livres et journaux saccagés, tapis et bas de rideaux en piteux état, etc.

En commettant ces déprédations, votre toutou ne cherche pas « à se venger », mais à vous faire savoir qu'il existe... et accessoirement à rompre son ennui.

Comprenez qu'un animal ne peut rester seul, toute une journée, dans un appartement, avec pour unique « activité » de s'allonger sur le tapis.

Il faut donc lui fournir matière à exercice ; à ce propos, les promenades du matin et du soir ne devront pas se résumer à de simples « petits tours hygiéniques ».

Faute de défoulement, le chien se « rattrape » sur ce qui l'entoure dans la journée.

À votre retour

Quelle que soit la situation que vous trouverez en entrant, ne donnez ni récompense ni punition, que le chien se soit ou non bien comporté en votre absence.

Prenez, quoi qu'il vous en coûte, surtout au début, le temps de vous réinstaller chez vous (de trente secondes à deux minutes) avant de prêter attention à votre animal. Cette formule vous permet de ne pas provoquer d'excitation du chien avant et juste au moment de votre retour.

Un conseil primordial : *si le chien a joué les destructeurs durant votre absence, vous ne devez ni ranger ni nettoyer en sa présence.* Il risquerait de prendre votre acte comme une marque d'intérêt de votre part pour ce qu'il a fait, et donc recommencera.

Autre problème : il se peut que le couple d'un foyer parte en même temps le matin pour travailler. Deux départs, c'est trop. Même le chien le mieux élevé peut protester...

Il suffit de décaler vos départs d'une ou deux minutes, pour lui éviter le vide absolu. L'un d'entre vous sort le premier, va chercher la voiture. Le chien le voit, ou non, partir. Le conjoint est toujours dans la maison. Il sort à son tour, dans l'indifférence la plus totale bien entendu.

Moi-même, aujourd'hui encore, j'opère ainsi avec Junior.

La maîtrise de l'agressivité

Voilà évidemment l'un des apprentissages les plus importants dans l'éducation d'un chien, car l'agressivité peut devenir dangereuse si l'on songe que les mâchoires d'un molosse, d'un Bas-rouge ou d'un Berger allemand exercent une pression de plus de 600 kilos au centimètre carré ! Mais il faut distinguer plusieurs formes d'agressivité.

L'agressivité naturelle

Vous devez la maîtriser très tôt.

Elle commence avec le mâchonnement. Un acte normal chez le chiot (c'est une machine à mâcher, comme les enfants qui eux-mêmes portent tout à la bouche).

Deux périodes dans la vie du chien sont propices au mâchonnement : vers trois ou quatre semaines quand les premières dents percent (les mâchoires sont douloureuses), puis plus tard quand les molaires sortent.

Sous l'emprise du jeu, il passe vite de l'excitation à la jouissance de déchiqueter.

Certains maîtres s'amusent à donner en guise d'objet à mâcher leurs vieilles pantoufles. Quelle erreur ! Ensuite, ils s'indigneront et gronderont leur chien qui n'aura pas fait la distinction avec d'autres pantoufles (neuves celles-là !).

Comment voulez-vous qu'un chien comprenne qu'il a le droit de se faire les dents sur certaines babouches et non sur d'autres ; celles de son maître et non celles des visiteurs... (car il ne fera toujours pas la différence entre une pantoufle et une chaussure !)...

Il en ira de même avec le bas des pantalons, les rideaux ou les pieds de chaise et de table. Il est donc indispensable de lui « imprimer » des interdits. Le chiot doit respecter les objets qui appartiennent à son maître.

La bonne méthode, rappelons-le, est de lui donner des objets (poupée de chiffon, accessoires en plastique dur, os...) qui lui seront propres.

Exercice

Dès que le chien mordille autre chose que l'objet réservé à cette activité, intervenez. Grondez-le d'une voix forte, enlevez-lui l'objet interdit et remplacez-le par le sien. S'il se met à mordiller ce dernier, félicitez-le.

Si malgré tout il s'obstine, ayez recours aux projections surprises (les stimuli d'aversion) du genre trousseau de clefs, briquet, pistolet à eau d'enfant...

Le chien est littéralement « douché » dans son ardeur... Les exercices pour canaliser l'agressivité du chiot sont indispensables si vous voulez éviter, plus tard, quand il sera adulte, des rapports de forces dirigés contre son maître considéré alors comme un concurrent dans l'établissement de la hiérarchie.

Le chiot adore déchiqueter, mais il ne différencie pas les vieilles pantoufles que vous lui donnez de celles que vous portez !

Cette concurrence va s'exercer à tout propos, et notamment sur des objets. Vous avez donc intérêt à la déjouer ou, mieux encore, à éviter son apparition en suivant les quelques conseils ci-après.

Essayez de prendre son os au chiot. Il réagit en grognant. Si vous n'insistez pas, il a gagné ; il recommencera. Au contraire, résistez, prenez le chiot par la peau du cou (comme sa mère le faisait) et récupérez l'os. Il a perdu : il ne recommencera pas de sitôt.

L'acte de reprendre un objet à un chiot, outre le fait qu'il établit un rapport hiérarchique (nous y reviendrons), vous permet de résoudre des problèmes à venir. Je l'ai pratiqué avec Junior à propos de l'alimentation : il s'agit de détruire le sacro-saint principe selon lequel le plat du chien serait « domaine réservé »...

Exercice

Quand un chiot est en train de manger, venez le taquiner jusqu'à lui enlever sa gamelle avant qu'il ait fini. Au premier signe de mauvaise humeur, grondez-le.

Il considérera ainsi le fait de manger comme un acte banal. Adulte, le chien ne sera pas de ceux qu'on ne peut approcher quand ils mangent.

Ce test devra être réalisé aussi avec les objets personnels du chiot : jouets, os, etc. Cela évitera d'éventuels drames. Les enfants en particulier pourront jouer avec le chien adulte, lui « chiper » la balle, sans que ce dernier s'en formalise et surtout défende sa propriété.

D'une manière générale, tout ce qu'un chien possède doit rester accessible au maître et aux membres de la famille ; dans le rapport hiérarchique, l'animal vient après les enfants.

Quand votre chiot aura assimilé ce type de rapport avec les membres de la famille, vous pourrez le laisser manger en toute tranquillité. Cela étant, n'hésitez pas, de temps à autre — tous les 6-8 mois environ — à tester sa docilité.

L'agressivité née de la peur

La peur engendre souvent l'agressivité. Le chien ne peut ou ne sait pas comment fuir devant ce qu'il perçoit comme une agression. Il va réagir, bien souvent en mordant, sans même passer par l'étape du grognement.

C'est le cas du chien acculé contre un mur et que l'on frapperait sans lui donner la possibilité de fuite. Ce geste représente l'ultime défense de toute espèce menacée.

Les spécialistes du comportement canin ont défini à ce sujet deux « lignes » très importantes : la ligne de fuite, à partir de laquelle un chien rompt le contact devant une approche ; et la ligne critique qui est celle à partir de laquelle le chien qui se sent ou se croit agressé attaque pour se défendre.

Ces lignes ne sont pas les mêmes pour tous les chiens ; elles varient avec chaque individu.

Ainsi dans la rue, deux chiens en laisse, rendus anxieux par leurs maîtres, eux-mêmes terrifiés à l'idée d'une bagarre, seront agressifs l'un envers l'autre parce qu'ils n'ont aucune possibilité de fuir et... qu'ils ne risquent rien, étant attachés l'un et l'autre.

« Mieux vaut — comme le conseillent les spécialistes — lâcher les laisses. » Les chiens pouvant dès lors aller à la rencontre et à la découverte l'un de l'autre, se flairer et éventuellement établir un rapport de dominance.

Il est évident qu'en ville, il n'est pas du tout conseillé de laisser son compagnon se promener sans laisse, surtout s'il n'est pas contrôlé en permanence par son maître.

Si vous rencontrez un autre « couple » chien-maître en laisse, mieux vaut attirer l'attention de votre toutou sur autre chose et passer au large pour éviter tout risque d'affrontement *.

---

* Dans le cas où un chien sans laisse arrive sur le vôtre qui, lui, est « prisonnier », il faut le libérer impérativement... sauf s'il s'agit d'un York devant affronter un gros chien !

Exercice

Quand un chien est agressif par peur, il n'y a rien à faire, sinon supprimer, si possible, la situation qui le met dans cet état.

En revanche, si le chien est agressif parce qu'il est de caractère anxieux, il faut revenir aux exercices d'apprentissage aux bruits décrits plus haut (coups de feu, chutes d'objets, etc.) auxquels, avec un chien adulte, il faudra peut-être adjoindre un traitement médical. Mais de cela, seul votre vétérinaire pourra vous entretenir. Dans ce domaine, l'homéopathie semble donner des résultats.

L'agressivité née de la douleur

La douleur aussi peut engendrer l'agressivité, même chez votre plus fidèle compagnon. Cela m'est arrivé avec Junior. Il avait six mois ; en jouant au ballon avec un enfant, il s'était cassé la patte. Croyant, après son hurlement, à une crampe, je l'ai manipulé : premier avertissement, un autre hurlement : « Ça fait mal. » J'ai poursuivi : second avertissement, il a « gueulé ». Je pensais toujours à la crampe, j'ai donc continué à le triturer. N'ayant plus de message à m'adresser sauf celui de me signifier « Tu me fais mal, cela suffit », il m'a mordu au poignet, mais sans forcer. Cette fois, le message était clair *.

Dans le même ordre d'idée, on voit ainsi bon nombre de vétérinaires se faire mordre par des chiens qu'ils sont en train d'ausculter.

Pour éviter cette « défense », n'hésitez pas à habituer le chiot au port de la muselière. Le jour où le vétérinaire devra lui en passer une, cela se fera en douceur, le chien n'y voyant rien d'inhabituel ni de gênant.

---

* Notons que Junior n'avait que six mois... son langage était primaire. Aujourd'hui, il trouverait un autre moyen de me faire savoir qu'il souffre.. et moi-même ne commettrais plus une telle faute !

La morsure : inacceptable !

La forme ultime de l'agressivité réside dans la morsure, quand elle n'est pas commandée (voir dernier chapitre sur l'éducation à l'attaque et à la défense).

Tout jeune, le chiot va chercher à vous mordre. Nous sommes à la période du jeu et du mâchonnement, il se peut donc qu'emporté par l'excitation du moment, il vous donne un coup de dents.

Exercice

Reportez-vous à la prise de la gamelle et faites la même chose avec ses jouets. Dès qu'il vous mord, punissez-le avec sévérité, mais attention, ne confondez pas pincement et coup de dents. Donc, donnez-lui une tape sur le museau et reprenez le jeu. S'il recommence, augmentez légèrement l'intensité de la punition. Il finira par céder, puisque vous avez décidé que vous seriez le dominant.

Ne vous laissez pas aller à la fausse mauvaise conscience, du type : « *Si je punis son agressivité naturelle, je vais le traumatiser.* » Ou pis : « *Une fois dans la rue, il ne saura pas se défendre face à un congénère...* »

Dites-vous bien que votre toutou est loin d'être... bête : il saura faire la différence entre la morsure, pour laquelle vous l'aurez puni, et le conflit avec un autre chien.

Quant au besoin de s'affirmer, ce n'est pas contre vous qu'il doit le satisfaire, mais grâce à vous, par l'apprentissage de l'obéissance, qui va entraîner chez lui une maîtrise de lui-même.

Vous devez briser tout de suite cette tentation qu'a votre chien de vous mordre, même légèrement, même par jeu. Car sinon, vous allez faire naître en lui une certaine perturbation : « *Ainsi,* pensera-t-il, *je peux m'en prendre à mon maître de la même manière qu'à mes congénères ou à mes jouets ! Où est passé mon dieu, mon maître ?* »

La morsure induit les problèmes de hiérarchie que nous avons déjà abordés, mais sur lesquels il nous faut revenir.

L'agressivité et la hiérarchie

Le chien est un être social et doit, à ce titre, apprendre les règles de la vie de groupe, et à inhiber son agressivité. Cet apprentissage correspond à la hiérarchisation. Le Dr Patrick Pageat et ses confrères le situent à deux moments de la vie du chien : le premier au moment du sevrage vers la fin du deuxième mois, le second vers le cinquième mois chez les mâles, au moment des deuxièmes chaleurs chez les femelles *.

Nous avons déjà vu tout ce qui permettait, au début de la vie du chiot, d'assurer une bonne hiérarchisation. Pour la deuxième époque, le Dr Pageat précise qu'un chiot conservant, à la puberté, le droit de séjourner dans la chambre de son maître va entrer en conflit avec ce dernier. Il est logique pour lui de chercher à s'approprier tout élément qui l'attire, y compris (et même surtout) si son maître a l'habitude d'utiliser l'élément en question (fauteuil, canapé...).

Le comportement d'agression à l'égard du maître est caractéristique. En effet, la manière de mordre est directement liée à l'appréciation qu'a le chien de sa situation hiérarchique.

Lorsqu'il a obtenu depuis longtemps des prérogatives de dominance, l'animal mord très rapidement et ne tient pas sa victime.

Au contraire, lorsque le rang hiérarchique n'est pas clairement défini, le chien tient la morsure et ne lâche que si son « adversaire » fait acte de soumission.

Dans la plupart des cas, le maître préfère cesser le combat en se retirant.

Le comportement de ce chien paraît d'autant plus justifié — explique le Dr Pageat — qu'après avoir mordu, il

---

* « 30 Millions d'amis », *La Vie des Bêtes* (mai 1987).

il semble pris de remords. En effet, il vient poser sa patte sur l'épaule de son maître, parfois lui lèche la main. *Attitudes qui ne sont pourtant que signes de dominance !*

Du coup, attendri, le maître caresse son chien pour « le remercier », ce qui ne fait qu'encourager « l'autre » à dominer.

Les deux protagonistes viennent de réaliser une scène connue, désignée par les éthologues sous le nom d'apaisement : conclusion normale d'un conflit hiérarchique entre un dominant (le chien) qui vient apaiser le dominé (le maître), après que celui-ci lui a fait « soumission ».

Enfin, il ne faut pas oublier, dans les problèmes d'agressivité, les raisons « médicales », tumeur au cerveau ou malformation quelconque, perturbation sexuelle, qui influent sur le psychisme de certains chiens. Dans ce cas, le recours au vétérinaire est indispensable.

Les mordus de l'uniforme

Cette nécessaire maîtrise de l'agressivité évitera des ennuis, avec vos proches ou avec les visiteurs. Et parmi ces derniers, les facteurs, dont l'administration centrale nous dit que, chaque année, environ trois mille d'entre eux sont mordus.

Cet état de fait est intolérable, et vous ne trouverez pas en moi un défenseur des chiens agressifs envers les préposés, sachant bien que ce sont les maîtres qui sont fautifs et non les « mordeurs ».

Ces fonctionnaires sont victimes de leur uniforme (et de leur casquette, disent certains) différent de celui de leur maître, donc suspects aux yeux du chien.

L'évolution de la technologie, de la société et des mœurs en général, a transformé le facteur, homme convivial qui entrait chez les gens, s'arrêtait boire un verre, une dizaine de minutes presque chaque jour, en préposé dont le temps est compté et dont le travail consiste à glisser des plis dans une boîte — et cela même à la campagne.

Le chien n'a aucune raison de faire la fête à cet inconnu qui le « nargue » en passant et en longeant chaque jour, dans la rue, la propriété dont il a la garde. Votre compagnon perçoit cela comme un véritable rituel, né de la répétition quotidienne. L'agressivité étant attisée par les aboiements des chiens des pavillons voisins, elle va atteindre son paroxysme quand la main du préposé va passer la grille.

De plus, comme chaque jour, une fois sa mission accomplie, le facteur s'éloigne (fuit en langage canin), votre Médor a donc le sentiment de sortir vainqueur de ce conflit quotidien.

Exercice

L'idéal est de faire entrer chez vous le facteur, de l'accueillir en ami et de le présenter à votre molosse en herbe.

Renouvelez l'opération plusieurs fois de suite. Le préposé sera ravi de faire connaissance avec votre compagnon et tout se passera bien ensuite. Si votre chien ne vous

Pour éviter tout conflit avec le facteur, faites-le entrer régulièrement, votre chien fera connaissance.

paraît pas très coopératif, vous pouvez l'enfermer le temps de la visite du fonctionnaire, notamment pour les recommandés. Personne n'en fera une maladie !

Il est évident que lors de la présentation du facteur, votre chien recevra les ordres « Assis », « Pas bouger ».

Malgré tout, il se peut que votre chien varie dans ses réactions face au même uniforme, mais porté par deux personnes différentes.

Junior laissait entrer sans problème, à la campagne, trois ouvriers qu'il connaissait bien. Un matin, les trois hommes se présentèrent à la porte ouvrant sur les escaliers... Ils ne purent jamais les descendre. Le brave toutou était devenu un fauve, campé, menaçant devant les marches. Les « visiteurs » étaient effrayés. Alerté par les aboiements inhabituels, je compris tout de suite la situation. L'un des trois hommes nous était inconnu. Comme ses collègues estimaient bien connaître Junior, ils n'avaient pas jugé utile de présenter le nouvel arrivant... qui, en outre, avait peur des chiens. J'allai vers l'homme en lui disant bonjour et en lui serrant la main... Il n'y eut plus de problème.

Autre élément de l'agressivité : les crises sexuelles. Le chien de mon père avait eu, un jour, une de ces crises. Il avait montré les dents, grogné, et mon père n'arrivait plus à l'approcher (seule ma sœur bénéficiait de son affection), à tel point qu'un soir il mordit son maître.

Sur mes conseils, il fut puni d'une tape, et on le bouda. Le lendemain, tout était effacé. Tous deux vécurent heureux, jusqu'à la fin... c'est-à-dire après quinze ans de vie commune, la mort du chien survenant six mois après le décès de mon père.

Si la crise de sexualité doit vous rendre la vie impossible, optez pour la solution de la castration, elle donne de bons résultats. Parlez-en à votre vétérinaire.

L'agressivité et les bagarres

Gronder du « bout des lèvres » un chien agressif ne fera que l'encourager à recommencer.

L'agressivité, c'est aussi en ville et à la campagne la rencontre avec les congénères, libres ou en laisse (nous en avons dit un mot). Les maîtres à ce sujet doivent prendre leurs responsabilités.

Certains d'entre eux éprouvent un sentiment d'orgueil mal placé en voyant leur chien se montrer agressif ; et s'ils le grondent, ils le font avec une telle mollesse que le résultat est quasi nul, ce dont, secrètement, ils sont ravis.

Prenons un exemple : supposons que j'aie un petit toutou et que des grands chiens se promènent un peu partout, dans le secteur. Je n'hésiterais pas à prendre mon petit protégé dans les bras et à changer de lieu de promenade.

On peut toujours demander aux maîtres s'ils contrôlent bien leurs molosses..., mais mieux vaut être prudent et... changer de trottoir.

Cependant, il faut reconnaître que souvent ce sont les petits chiens qui font preuve d'agressivité par peur, bien souvent, devant une « grosse masse ».

Si, par contre, j'ai un grand chien, je me comporte en

citoyen responsable, comme une personne bien élevée. Si j'aperçois des petits toutous, je rappelle le mien au pied et lui ordonne de marcher ainsi à mes côtés (ou je le mets à la laisse), le temps de croiser le groupe des « petits »

Je demande aux autres maîtres de faire de même.

Tout cela, me direz-vous, c'est l'idéal. Il est vrai que certains maîtres de grands chiens, n'ayant pas peur pour eux, ont tendance à les laisser cavaler un peu partout, sans parfois penser qu'ils peuvent faire peur à d'autres. C'est ce genre de comportement qui — avec les trottoirs pollués et les aboiements incessants — soulève le plus de réflexes anticanins. À vous tous, donc, amis des animaux, de donner l'exemple.

La hiérarchie et la famille

L'agressivité s'exerce d'abord dans les conflits de hiérarchie. C'est-à-dire, quand le chien tente de « dominer » la situation. Très vite, lorsque le chiot arrive dans la famille, doit s'instaurer une hiérarchie.

Elle va s'établir à partir de réactions humaines et de comportements appris au chiot (voir chapitre premier les bases de l'éducation). Il faut que tous les membres de la famille communiquent de la même manière avec l'animal, selon le même code.

Mais avant cela, observons encore une fois ce qui se passe dans une meute (nous avons déjà abordé le sujet) et comment s'y organise la vie communautaire. Les membres de la meute se répartissent en trois zones.

— *Le centre* est occupé par le mâle dominant, les femelles de haut rang, les mères et leurs chiots. D'autres mâles sont tolérés dans cette zone uniquement quand les femelles ne sont pas en chaleur.

— *La zone intermédiaire* est constituée des femelles chassées de la zone précédente et par des mâles prétendants. C'est dans cette zone qu'ont lieu les bagarres réglées par le mâle dominant.

— *La périphérie* est le domaine des jeunes mâles, qui jouent le rôle de sentinelles, véritables défenseurs de la meute. Il y a conflit quand les « prétendants » lancent un défi au mâle dominant. (Rendez-vous compte que certains maîtres tolèrent de leur chien des actes qui seraient sévèrement punis dans une meute.)

Les rapports entre les individus s'organisent donc autour des manifestations de dominance, de soumission et d'apaisement (léchage après morsure).

Le Dr Dehasse envisage le cas de figure suivant *.

Soit deux chiens A (dominant) et B (soumis). Si les maîtres protègent B ils vont en faire un dominant. Si, dans le même temps, ils punissent A ils vont en faire un chien soumis. *En leur absence, cependant, A reprendra sa dominance sur B soumis.* Les querelles entre les deux chiens auront lieu quand A voudra maintenir sa dominance... en présence du maître !

Dans ce cas, l'idéal serait pour les maîtres de faire preuve de « pitié » (donc d'attention) pour le chien A, le dominant, et montrer de l'indifférence au chien B.

La réalité est plus compliquée. Dans la famille, le maître est placé au-dessus de tout. Ce n'est pourtant pas forcément lui qui donne le plus d'ordres au chien. Ce n'est pas non plus obligatoirement la personne qui donne à manger à l'animal (l'acceptation du maître n'est pas dictée par la reconnaissance du ventre).

Des liens plus subtils, mystérieux entrent en jeu. Ainsi, comment expliquer l'attachement d'un chien à son maître, même si ce dernier est brutal ou cruel ?

Certains croient avoir trouvé une explication, en avançant l'argument « alimentaire ». Je n'en crois rien : si tel était le cas, on ne verrait pas de ces chiens qui refusent de s'alimenter en l'absence de leur maître, ou qui sont victimes de véritables crises de mélancolie pouvant

---

* *Mon chien est d'une humeur de chien, op. cit.*

conduire à la dépression quand celui-ci meurt, alors que la pâtée est toujours assurée...

Au sein d'un couple uni, dans lequel mari et femme s'occupent à parts égales du toutou (tant au niveau nourriture, soins, promenades qu'attention, caresses et amour), ce dernier aura toujours une préférence pour l'un ou l'autre.

En cas de divorce

Lorsqu'un couple se dispute, le chien s'inquiète. Il n'aime pas cette rupture d'harmonie : il va aboyer bien souvent, aller de l'un à l'autre, ou bien se placer entre les deux, un peu comme un arbitre. Il joue d'ailleurs parfois si bien ce rôle qu'il peut être, à l'occasion d'une dispute légère, facteur de réconciliation.

Si la mésentente est plus sérieuse, il va se retirer dans son coin, montrant par là qu'il ne veut pas être mêlé à cette querelle.

Quand le couple se sépare, cela est toujours très mal vécu par votre protégé *. Si c'est à l'amiable, ce dernier « choisira » de vivre avec le maître ou la maîtresse. Son malheur sera moindre, mais « l'autre » lui manquera toujours.

Vous constatez donc, et comprenez maintenant, l'importance de la hiérarchie qu'il faut absolument imposer au chien. Ne voyez pas dans cette obligation une quelconque perversion morale : la hiérarchie, les rapports dominant-dominé dans le domaine de l'éducation canine n'ont rien à voir de près ou de loin avec l'esclavage ou une affirmation « psychanalytique » de l'autorité comme voudraient nous le faire croire... quelques beaux esprits !

---

* Cet ouvrage ayant pour but l'éducation du chien... nous n'évoquons pas le problème des enfants qui, bien entendu, vivent très mal la séparation de leurs parents !

L'arrivée d'un bébé

En reprenant les tests proposés dans le chapitre premier, vous allez mettre en place une hiérarchie. Que tous les membres de la famille y participent. Il ne faut pas laisser le chien s'interposer entre vous et votre femme, ou entre votre femme et vos enfants.

L'arrivée d'un bébé dans la famille peut à cet égard présenter des problèmes. Le chien s'aperçoit que l'attention de tous est portée sur le nouveau-né. Ce n'est pas en l'éloignant sans cesse d'un « Va-t'en » que vous allez lui faire perdre sa jalousie. Au contraire, il faut être encore plus attentionné à son égard, pour qu'il se sente bien dans le cercle familial et non rejeté.

Une naissance dans la famille doit se faire par étapes : on doit y préparer le chien, de la même manière qu'on le fait avec le grand frère ou la grande sœur. Un chien bien équilibré, bien intégré, prendra cet événement du bon côté et tout se passera bien.

Avant l'accouchement, vous devez déjà vous interroger sur le type d'attention (sa durée, à quels moments, etc.) que vous accordez à votre toutou.

Comme l'explique Campbell : « *Si vous le nourrissez par exemple à 8 heures et à 18 heures, et que cet horaire doive être décalé à cause du nouvel arrivant, n'attendez pas la dernière minute. Modifiez les horaires des pâtées au moins huit jours avant l'événement. Cela évitera, chez le chien, toute association entre l'arrivée d'un nouveau membre de la famille et le décalage des repas**. »

Vous avez intérêt à réduire la durée du temps consacré à

---

* *Guide pratique à l'usage des chiens*, éditions Acropole.
Profitons de cet aparté pour préciser qu'il est préférable de donner à manger au chien deux fois par jour, le matin et le soir. D'abord, il a « deux » distractions, et pour les sujets de grande taille, on évite le danger de la « torsion de l'estomac ».

Boxer : « Il brûle la vie par les deux bouts. » *(p. 184)*

Caniche : Méconnu. *(p. 166)*

Léonberg : Une « nounou ». *(p. 180)*

Fox-Terrier - Poils lisses - Poils durs : Un danseur téméraire. *(p. 172)*

Berger allemand : Le roi des chiens. *(© 30 millions d'amis.) (p. 160)*

rdale : Il ne se « dégonfle pas ». *(p. 174)*

Bobtail : A épuiser tous les jours. *(p. 168)*

Chow-Chow : Attention ! il se croit un lion. *(p. 150)*

Husky sibérien :
Le chien aux yeux bleus. *(p. 162)*

Doberman : Trop rapide
pour le commun des mortels. *(p. 156)*

Epagneul breton et Setter irlandais :
L'un est doux, l'autre insouciant. *(p. 158)*

Briard et Beauceron : L'un peut cacher l'autre. *(p. 182)*

West highland, White Terrier et Cairn Terrier : Un rouleur de mécaniques. *(p. 148)*

Bergers belges : Malinois - Groenendael - Tervueren - Laekenois

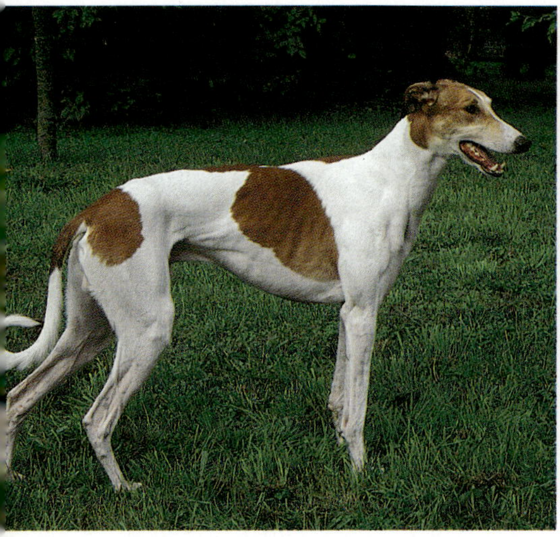

Greyhound : Un bolide. *(p. 185)*

Dogue allemand :
2 kilos de viande par jour ! *(p. 164)*

Les quatre mousquetaires. *(p. 176)*

Cocker Spaniel : Un indépendant fidèle. *(p. 154)*

Teckel : Le mystère du couple. *(p. 152)*

Labrador : L'image d'Épinal. *(p. 170)*

Sauf mention contraire, les photos sont de l'agence Elizabeth Lemoine.

votre compagnon (surtout s'il est exigeant en caresses), au moins deux semaines avant l'arrivée du bébé. Mais, surtout, ne modifiez pas la qualité de votre affection envers lui.

Exercice

Si votre chien est un grand consommateur de caresses, apprenez-lui à les obtenir en échange de quelque chose. Par exemple, lancez-lui l'ordre « Assis » et récompensez-le par une caresse.

Chaque fois qu'il vous réclame une caresse, ordonnez « Assis », puis vaquez à vos occupations. Cette rupture entre les caresses* vous permettra, une fois le bébé arrivé, de vous en occuper sans que votre toutou soit frustré.

Votre animal étant préparé, vient le jour où la maman rentre de la maternité avec le nouveau-né. Comme tous les membres de la famille, le chien va avoir droit aux présentations.

Exercice

Présentez le bébé à votre compagnon en le caressant plus que d'ordinaire. Parlez en même temps au bébé : le chien comprendra aisément que cet « intrus » appartient à votre « espèce ». Accompagnez cette présentation de l'ordre « Touche pas ».

Renouvelez régulièrement cet exercice, de manière à associer votre animal préféré aux principales grandes étapes de la vie du bébé.

Vous devez toujours être présent lors de ces rencontres nourrisson-animal. Le petit de l'homme émet des odeurs fortes qui attirent les quatre pattes. Si vous les laissiez seuls, le chien risquerait de bousculer le bébé, de le faire tomber, tout à son activité de reniflage, et de provoquer un accident.

---

* Mieux vaut répéter plusieurs fois dans la journée des caresses plutôt que de passer de trop longs moments avec votre chien. Ce que vous ne pourrez plus lui accorder aussi longtemps après la naissance.

L'arrivée d'un bébé dans la famille doit s'accompagner de sa présentation à votre toutou.

« Apprendre » le chien au bébé

Plus tard, quand l'enfant sera un peu plus grand et surtout quand votre compagnon aura appris la garde (voir plus loin), vous pourrez les laisser en tête à tête.

Si vous imposez des devoirs au toutou, vous devez également en donner au bébé (quand il sera en âge de comprendre).

Exercice

Apprenez à l'enfant à respecter le chien, à ne pas attraper à pleines mains les oreilles, ne pas enfoncer le doigt dans les yeux ou dans les oreilles, ne pas tirer sur la queue, etc. L'animal doit devenir, pour votre petit, le plus fantastique des compagnons de jeux et non une poupée de chiffon ou un exutoire à son agressivité.

Vous lui apprendrez plus tard à donner des ordres. Les mêmes que les vôtres.

Faites-lui refaire les exercices du début « Assis », « Pas bouger », « Allez », etc.

Cela constituera une bonne révision pour votre toutou,

en même temps que se réalisera l'intégration de votre rejeton dans le système hiérarchique *.

La délégation de pouvoir aux enfants

La laisse constitue un véritable sceptre. Elle est l'instrument du pouvoir. Votre absence ne devant pas rendre votre chien incontrôlable, à la fois pour sa propre sécurité et celle des autres, vous allez devoir déléguer vos pouvoirs, transmettre le sceptre à celui de vos enfants qui est chargé de vous remplacer durant vos absences.

La laisse, sceptre du maître, permet de « déléguer » le pouvoir.

---

* Les chiens normaux ont trois attitudes au bout d'un certain temps avec un bébé : a) ils acceptent tout ; b) ils s'éloignent quand le petit exagère ; c) ils grognent ou mordillent le sans-gêne. Dans ce dernier cas, à vous de juger si la « punition » infligée au « tortionnaire » est utile pour que celui-ci respecte mieux son « jouet » ou s'il faut « corriger » immédiatement une manifestation d'hostilité caractérisée.

Exercice 1

Préparez-vous à partir en promenade. Le chien assis, passez-lui le collier (comme appris plus haut). Attrapez la laisse comme si vous alliez l'accrocher au collier, mais au lieu de faire ce geste rituel, connu de votre toutou, attirez son attention et montrez-lui bien que vous confiez celle-ci à votre enfant.

L'animal remarquera forcément votre geste. Car il est tout attentif à ce que vous faites, au rituel du départ en promenade.

Au début de la balade, accompagnez votre enfant, en marchant à son côté.

Arrivé à un point déterminé à l'avance, vous vous en irez. Quittez le duo et partez dans une autre direction. Votre chien va vouloir vous suivre ? Dites-lui « Non » et montrez la personne qui a la laisse en main. Éloignez-vous et laissez les deux continuer leur promenade.

Recommencez l'exercice, en peu de temps le chien obéira à votre enfant.

Une fois ce premier exercice bien assimilé, c'est-à-dire quand le chien obéit à la personne qui le tient en laisse, vous pouvez passer au deuxième niveau.

Exercice 2

Cette fois-ci, vous n'intervenez plus durant la promenade. Passez le collier à votre chien, prenez la laisse et confiez-la à votre enfant. C'est lui qui va l'accrocher sur le collier et partir avec lui, mais sans vous, en promenade.

Faites répéter plusieurs fois l'exercice, et là encore en peu de temps le chien obéira à la personne qui tient la laisse. Moins qu'à vous bien sûr, mais voilà un acte d'obéissance bien utile.

Exercice 3

Vous restez dans votre fauteuil et demandez à votre enfant de sortir le chien en faisant attention qu'il respecte bien le « rituel ». Surveillez de loin comment les choses se déroulent.

Profitez de ces exercices pour mettre, à tour de rôle,

chaque membre de la famille en situation de se faire obéir grâce à cette cérémonie de la « délégation de laisse ». Le chien modulera son degré d'obéissance selon la personne qui l'accompagnera.

J'ai déjà constaté ce phénomène avec Junior. Il adore en balade se rouler dans la boue. Quand je suis avec lui, c'est interdit. Mais que sa maîtresse le promène... et il rentre à la maison tout crotté * !

* Cette délégation de pouvoir pose parfois une difficulté. Certains chiens sont habitués à faire leurs besoins sans laisse. Attaché à celle-ci... ils ne « peuvent pas ». À vous de lui apprendre les deux manières.

4.

L'adopté

Jusqu'à présent, nous avons considéré que vous faisiez l'éducation d'un chiot, puis d'un chien que vous aviez eu tout jeune, chez un éleveur ou un particulier.

Mais il y a aussi des milliers de chiens qui ne demandent qu'à faire le bonheur de foyers. Ce sont les malheureux entassés dans les refuges et qui n'ont qu'un espoir : voir arriver des humains, croiser leur regard et repartir avec eux.

Certains d'entre nous se bloquent en face de ces déshérités, ayant peur de « tomber » sur un animal à problèmes. « S'il a été abandonné, c'est qu'il devait poser des difficultés à ses maîtres. » Ou encore : « On ne connaît rien de leur passé. C'est trop risqué... »

Que ceux qui ont de telles appréhensions se rassurent. Dans un refuge, vous serez accueilli en héros par cet être que vous allez arracher à son malheur. Il ne demandera qu'à vous obéir, car dès le premier instant, il vous aimera. Lui aussi va vous adopter.

Les petits problèmes du début, comme par exemple une hygiène peu rigoureuse, se résoudront assez rapidement.

Croyez-en mon expérience personnelle. Car si j'ai eu Junior tout bébé, avant lui, Mabrouk a débarqué dans ma vie à l'âge de quinze mois ; « laissé pour compte » chez un éleveur et avec ses 35 kilos, c'était déjà une bête impressionnante. Et avant lui encore, j'avais éduqué un formidable bâtard, abandonné vers l'âge de neuf mois : c'était le pauvre Jimmy, mort écrasé en Guadeloupe *.

5 % de cas difficiles

Dans 95 % des cas d'adoption, les choses se passent bien ; maître et chien vivent à fond cette fabuleuse histoire d'amour.

Cependant, dès la porte du refuge franchie, vous devez commencer l'éducation de l' « adopté ».

Ce chien est plein de bonne volonté, mais il se peut qu'il ait pris quelques mauvaises habitudes. Vous allez donc lui appliquer, en les adaptant aux circonstances, la plupart des exercices que je vous ai proposés pour le chiot.

Comme pour ce dernier, ménagez-vous quelques jours de vacances au moment de l'adoption, afin de lui consacrer un peu de votre temps.

Le chien qui sort de sa prison est dans un état d'extrême réceptivité, prêt à tout accepter de sa nouvelle famille. Pour lui, n'importe quelle vie sera meilleure que celle qu'il vient de subir, avec parfois pour seul avenir, au bout du couloir sinistre, la piqûre fatale.

Ce toutou que vous venez de sauver fera tout pour se conformer à votre mode de vie... mais comme je vous l'ai signalé au début de ces pages, faites attention à ne pas vous laisser « embobiner »... mais au contraire à lui imposer vos règles, tout de suite. L'âge de l'adopté importe peu, qu'il ait huit mois ou quatre ans.

Je n'en dirais pas autant d'un chien de dix-douze ans. Il vit à un rythme plus lent, il a de solides habitudes, ancrées depuis fort longtemps.

Il peut souffrir de certains maux dus à l'âge : surdité, rhumatisme, etc. Il aura donc plus de difficultés à effectuer

---

* *Mabrouk, chien d'une vie, op. cit.*

les exercices. Dans ce cas, et dans ce cas seulement, c'est plutôt à l'adoptant de s'adapter.

Vous devez considérer que votre nouveau compagnon, qu'il ait deux ou six ans, est un être « sans passé ». Vous allez donc commencer au début comme s'il s'agissait d'un chiot. Vous devez tenir compte des deux facteurs suivants. L'un avantageux : plus âgé, il exécutera plus facilement les exercices. L'autre ennuyeux : il ne comprendra peut-être pas tout de suite.

Ayant déjà eu des ordres à exécuter chez son ancien maître, tout cela risque un peu de se bousculer dans son esprit.

Il en arrivera à se demander : « Qu'est-ce qu'il me demande là ? » Mais une fois qu'il aura compris, il réussira plus vite l'exercice. A vous de lui expliquer que c'est comme cela *maintenant !* Ce chien a eu une vie que l'on ne connaît pas nécessairement.

S'il a été battu, il aura toujours une sorte de crainte, même si vous l'entourez de beaucoup d'amour, même si vous le rassurez. De même, un chien abandonné par exemple, au moment du départ en vacances, aura peur toute sa vie des valises, qui lui feront craindre que tout recommence.

La propreté

Si le chiot acquiert relativement vite le caniveau, il n'en est pas de même avec l'adopté. Vous allez devoir y aller lentement par étapes.

Exercice

Dès les premiers jours, tirez le chien vers une butte de terre ou au pied d'un arbre, de préférence au caniveau.

Peu à peu, gagnez cinquante centimètres, un mètre, en direction de la chaussée. Patience et obstination auront raison de lui. Il va interpréter à sa façon ce qui est en train de lui arriver : « *Dès que je me mets en position de faire mes besoins, mon maître me tire dans cette direction...* »

Il va accepter ce que vous lui demandez et qu'il prend pour une lubie, « sans trop se casser la tête ». Au bout de deux ou trois semaines, il se comportera bien.

Comme pour le chiot, chaque exercice réussi mérite récompenses et caresses.

La marche en laisse

Comme vous le feriez avec un chiot, vous devez apprendre au chien adopté à marcher en laisse, sans qu'il tire... Certains conseillent de ne pas emmener le nouveau venu en promenade (hormis la sortie hygiénique avant six semaines de présence au domicile). Ils estiment qu'ainsi il a le temps de s'adapter à vivre chez vous.

Bien entendu, ils recommandent au maître de consacrer au toutou un quart d'heure d'exercice quotidien (sous forme de jeu avec une balle par exemple) pour lui permettre de se dépenser et de se défouler. Et de préférence le matin, de manière à le défouler un peu, espérant qu'il sera plus calme durant le reste de la journée, surtout s'il doit demeurer seul à la maison.

Cette solution ne peut être généralisée. Difficile quand on vit en appartement de jouer à la balle, chaque matin, avec un compagnon d'une certaine taille.

De plus, je sais que cet animal que vous avez sorti du refuge vous en est pleinement reconnaissant. Il fera tout pour vous faire plaisir : il n'a qu'un désir, celui de vous suivre. Vous pouvez donc l'emmener en promenade avec vous, après lui avoir laissé faire le tour de votre logement. Bien entendu, *cette sortie se fera en laisse,* avec immédiatement les exercices d'éducation.

Le chien tirant sur la laisse comme un fou (ce peut être un jeu pour lui), donnez brusquement du mou à celle-ci : l'animal va se « trouver dans le vide ».

L'absence de résistance va le surprendre, elle le prive d'un point d'appui. Tirez alors d'un coup sec, afin de lui rappeler qui dirige la manœuvre.

Répétez cet exercice chaque fois que nécessaire durant la promenade. Peu à peu, votre compagnon oubliera ses mauvaises habitudes.

Bien entendu, vous profiterez de cette promenade à la laisse pour lui apprendre à traverser, etc. (voir ce qui a déjà été dit pour le chiot).

L'aboiement : privé de sortie

Si, dès qu'il est monté dans la voiture, l'adopté se met à aboyer, il faut immédiatement réprimer cette détestable habitude.

Si cela se produit à la sortie du refuge, n'hésitez pas : faites descendre « l'aboyeur » et faites mine de retourner... vers « l'enfer ».

Ce court simulacre est suffisant. « Retournez » la scène autant de fois qu'il le faudra... Mais rassurez-vous..., à la troisième ou quatrième montée, la leçon aura porté ses fruits.

Si votre nouveau compagnon récidive quelques heures ou quelques jours plus tard, recommencez aussi. Arrêtez la voiture et refaites le même exercice que ci-dessus.

Vous devez faire comprendre à votre chien (et soyez sûr qu'il le comprendra) que l'aboiement provoque inévitablement l'annulation du jeu ou de la sortie prévue. Il est éjecté de la voiture : son maître le met à l'intérieur de la maison et s'en va.

La séparation en douceur

Un chien adopté peut avoir deux attitudes. Soit il connaît déjà l'expérience de l'isolement et, fataliste, il vous laisse partir aussi longtemps que vous le souhaitez ; soit, traumatisé, il va devenir hystérique dès votre départ... comme il l'était à celui de son premier maître. Il se peut, et c'est alors plus grave, qu'il ait été abandonné parce que, justement, il n'arrêtait pas de hurler.

Ici encore, vous avez une chance de l'éduquer en profitant de cette « nouvelle naissance » que vous venez de lui offrir.

Exercice

Ne laissez pas le stress envahir votre toutou. S'il se met à hurler dès votre départ, revenez aussitôt dans la pièce et restez avec lui au moins une heure, après l'avoir grondé légèrement. Refaites ensuite un essai.

Si le traumatisme de l'animal n'est pas profond, ce dernier peut comprendre au bout de deux ou trois essais que vous revenez, et donc vous attendre sans aboyer. S'il hurle à nouveau, passé un délai de 48 heures, recommencez l'exercice, en graduant au maximum vos absences. Mais sachez que les cicatrices de l'abandon sont longues à disparaître.

Cet exercice comporte, il ne faut pas se le dissimuler, une difficulté majeure, car votre animal peut croire également que chaque fois qu'il hurle, gémit ou aboie, cela vous fait revenir ! Il peut se dire : il (ou elle) s'en va... j'aboie... il (ou elle) revient.

Il faut donc nuancer votre attitude. Certains sujets nécessitent que l'on revienne en se « fâchant » et en donnant même une petite tape ; d'autres seront vaincus par un retour, mais qui ne doit pas les concerner.

En effet, vous serez revenu non pas à cause de ses cris, mais... parce que vous avez oublié vos clefs, votre manteau, votre parapluie, etc. L'idéal est évidemment de pouvoir laisser s'époumoner le récalcitrant total... mais faites attention, les voisins, eux, peuvent ne pas avoir votre patience *.

Les gens qui adoptent un chien l'affirment souvent : « Il est tout à fait conforme à notre mode de vie. On dirait qu'il a toujours été avec nous. » Quel fabuleux pouvoir, quels trésors de tendresse et d'amour recèle ce compagnon à quatre pattes. Autant d'atouts qui lui permettent de s'adapter avec facilité.

---

* N'oubliez pas tous les « trucs » donnés pour le chiot : la télévision, la radio, le magnétophone, le répondeur, les jouets, etc.

5.

L'éducation affinée

Votre chiot est devenu adulte, votre adopté s'est adapté... Le compagnon à quatre pattes qui partage votre vie se porte à merveille. Bien dans sa peau, heureux auprès de vous — et vous auprès de lui —, l'on peut désormais estimer qu'il est bien élevé.

En suivant les conseils et les tests de base que nous venons de passer en revue, vous avez fait de cette boule de poils un animal de la meilleure compagnie.

Bien entendu, et je vous l'ai déjà rappelé, ces exercices devront, tout au long de l'existence de votre compagnon, être sans cesse renouvelés.

Car ne l'oublions pas, fût-il le mieux éduqué du monde, il s'évertuera toujours à se rapprocher un peu plus de vous. Méthodiquement, millimètre par millimètre.

Tout son être est mobilisé, même si vous ne vous en rendez pas compte, par la recherche de la faille éventuelle qu'il trouvera pour contrer votre autorité, pour contourner la discipline que vous lui imposez.

À l'âge de huit, dix, voire quinze ans, à chaque minute de sa vie, il voudra encore transgresser vos ordres. C'est dire qu'il a du mérite à nous obéir.

Quand il vous regarde, là, maintenant, il ne pense qu'à cela. Vous êtes face à une force de tous les instants. Voilà pourquoi il profitera de la moindre de vos faiblesses, du plus petit oubli. Attention à la contradiction dans les ordres ou les interdits... À ce sujet, je ne saurais trop vous encourager à ne jamais baisser les bras, à ne jamais céder, et surtout à entretenir, par la répétition, tous les exercices que je vous ai présentés.

Bien entendu, votre chien étant bien éduqué, cette concentration de volonté « transgressive » passera inaperçue. Car votre ami sera facile à vivre, obéira à vos ordres. En un mot vous rendra heureux, vous son maître, et aussi votre entourage.

Outre l'entretien régulier, par les exercices, des acquis assimilés par votre chien, vous pouvez aussi aller plus loin avec lui sur le chemin de l'éducation que nous qualifierons d'affinée.

Cette éducation concerne surtout les chiens les plus grands, ceux qui « font peur »... Mais rien ne vous empêche de faire passer cette « maîtrise » à votre York ou à votre Teckel.

Il s'agit, avec de nouveaux exercices (que vous pouvez aussi utiliser au stade primaire), d'arriver à une obéissance particulière, tenant compte aussi d'un mode de vie spécifique.

La laisse invisible

Un beau jour, au cours de vos promenades, vous allez vous apercevoir que votre animal marche laisse détendue. Il est désormais apte à passer à « *la marche à la laisse invisible* ».

Un lien s'est tissé entre lui et vous, il remplace la laisse. Grâce à lui, votre chien peut déambuler à vos côtés. Vous ne craindrez plus une rencontre soudaine, puisqu'il répond au « Pas bouger », « Stop », « Au pied ».

Le passage à la laisse invisible va se faire par étapes : vous allez utiliser la laisse à enrouleur. Déconseillée par certains, elle accorde au chien une certaine autonomie. Sans elle, bien des chiens continueraient aujourd'hui à courir sans laisse un peu partout dans les villes.

Cette laisse, vous allez l'enlever durant des périodes de plus en plus longues, en effectuant avec votre protégé vos promenades dans des endroits calmes. Le chien va finir par marcher à vos côtés, sans « chaîne », allant et venant, sans problèmes, sans entraves... Mais, quel que soit son degré d'éducation, vous n'oublierez pas de prendre votre chien par le collier, au moment de traverser la rue.

Personnellement, j'utilise l'ordre « À la main ». Un ordre spécial, énoncé sur un ton calme mais sec, sans énervement. En l'entendant, Junior est tranquillisé. En même temps, il sait, au son de ma voix, qu'il n'y a pas à discuter.

Si vous souhaitez adopter cette technique, vous devrez tester votre compagnon.

Engagez-vous sur la chaussée, au calme de préférence, à l'écart de la circulation, sans vous soucier de lui. Théoriquement, il doit rester sur le trottoir puisque vous ne l'avez pas pris par le collier et que vous n'avez pas prononcé l'ordre « Allez ». Mais il n'a plus le moyen de vous rappeler sa présence en tirant sur la laisse.

Certains chiens aboient, d'autres, comme Junior, et avant lui Mabrouk, restent silencieux, assis tranquillement au bord du trottoir. Ils n'ont pas reçu l'ordre, ils attendent, en compagnons biens élevés, que leurs maîtres reviennent sur leurs pas et leur donnent l'ordre de traverser.

Chacun son trottoir

Autre exercice pour affiner encore plus cette obéissance. Laissez votre chien sur un trottoir, et marchez sur celui d'en face en demandant à votre chien de vous suivre en parallèle. Enfin vous pouvez, dans une rue peu fréquentée, jouer à la balle avec lui et soudain la lancer en direction de la chaussée.

Votre chien court comme un dératé après cette balle, mais doit piler net au bord du trottoir et laisser échapper son jouet.

Si par hasard l'exercice échoue, si votre chien est descendu dans la rue, hurlez « Au pied », soyez scandalisé. Vous recommencerez plus tard.

Quand Mabrouk comprit cette interdiction de quitter le trottoir sans ordre, je lui tendis des pièges pour consolider cette éducation.

Dans une rue calme, je demandais à des amis de surveiller la circulation, puis je lui ôtais la laisse et m'élançais en courant. Je traversais la chaussée... et s'il me suivait, je lui exprimais par la voix ma plus grande colère. L'interdit de la chaussée ayant bien pénétré son esprit, je n'en continuais pas moins à le soumettre à des exercices d'entretien.

Une règle générale à respecter : plus vous faites confiance à votre chien, plus vous devez faire preuve de vigilance.

Au cours de ce dernier exercice, si vous sentez que votre chien va commettre la faute et descendre du trottoir, stoppez-le à l'aide du sifflet d'angoisse que nous allons étudier maintenant.

Pour « forcer » un chien adulte
à piler au bord d'un trottoir : la balle.

Le sifflet d'angoisse

Il est aux ordres ce que la bouderie — que j'aborde plus loin — est aux punitions. Il offre la possibilité de sortir le chien et son maître de situations difficiles.

Vous pouvez utiliser vos doigts (si vous savez siffler de cette manière) ou avoir toujours sur vous un sifflet à roulette.

Pour assurer son efficacité, il n'est pas question de l'utiliser à tout bout de champ : une fois par trimestre ou semestre, tout au plus, à l'entraînement, en provoquant les situations qui le rendent nécessaire.

Ce sifflet est une véritable arme mise à votre disposition que vous n'utiliserez que dans des cas très précis. La stridence inhabituelle du sifflet, sa soudaineté et sa rareté déclencheront un véritable réflexe de Pavlov chez votre chien. J'ai inventé cet appel par hasard, et l'ai raconté dans *Mabrouk, chien d'une vie.*

Je tentais, ce jour-là, de rappeler mon copain que j'avais seulement depuis quelques mois. Il était parti à la poursuite de cavaliers et de leurs montures qu'il voyait pour la première fois. J'avais beau l'appeler, Mab n'entendait rien : « Mabrouk », « Mab », « reviens », « Au pied »... Rien n'y fit. Mon chien s'éloignait de plus en plus. Je ne savais plus comment attirer son attention pour le faire revenir. Tout à coup, j'ai pensé à siffler dans mes doigts. Mabrouk m'a entendu, mais a continué sa folle poursuite.

L'inquiétude me saisit : cette allée débouchait sur une place où la circulation était dense. Mab risquait de se faire écraser.

Chance ou bienfaits de l'éducation que j'avais déjà commencé à lui donner, il laissa les cavaliers traverser la place, lui-même s'étant arrêté au bord du trottoir.

Il revint vers moi, tout penaud, s'attendant à la plus belle des colères. À une vingtaine de mètres, il s'aplatit sur le sol. J'attendis qu'il revienne, qu'il arrive jusqu'à mes pieds, pour le traiter de tous les noms et lui flanquer un coup de laisse un peu sec sur les fesses.

J'ai donc eu l'idée d'associer ce coup de laisse avec un sifflement : j'ai sifflé dans mes doigts puis recommencé : un coup de laisse (symbolique cette fois), un coup de sifflet strident, une demi-douzaine de fois.

Le sifflet ne pouvait pas ne pas avoir marqué les oreilles et le cerveau du fautif.

Huit jours plus tard, dans les bois, Mabrouk a revu les cavaliers. Comme la fois précédente, il est parti à leur poursuite.

Je ne lui ai pas laissé faire plus d'une dizaine de mètres, j'ai utilisé aussitôt mon « sifflet d'angoisse ». Il a pilé net.

Au cours de nos six courtes années de vie commune, je n'ai utilisé que trois ou quatre fois cet ordre, afin de lui maintenir et de lui conserver toute son efficacité. Notamment pour l'arrêter au moment où il voulait se battre avec un congénère.

Une fois, une seule, j'ai eu tort d'employer ce « sifflet d'angoisse ». Mab était en plein duel avec un dogue, il s'est arrêté net à mon sifflement, du coup l'autre en a profité pour le mordre à la cuisse.

Vous vous doutez bien que Junior, lui aussi, a droit au sifflet d'angoisse. Je le lui ai enseigné vers l'âge de seize mois. Il faut en effet attendre que votre chien ait atteint une certaine maturité pour qu'il l'assimile complètement.

Je l'utilise surtout quand il se prépare à attaquer ou à poursuivre un autre chien.

Parfois aussi quand il course les poules d'un peu trop près.

Mais encore une fois, ne l'utilisez que rarement, pour qu'il conserve toute son efficacité. C'est la seule fois où vous pouvez vraiment amener votre toutou à la faute, afin de le punir en associant à cette punition les coups de sifflet.

Cet ordre ne doit s'exercer qu'en face d'une faute assez grave : poursuite d'un cycliste ami, refus de revenir à vos pieds, malgré vos ordres, tentative de poursuivre un ballon sur la rue, etc. Il est évident que les coups de laisse que vous lui infligerez devront être symboliques. Seuls vos voix et le sifflement seront forts !

Plusieurs lecteurs et téléspectateurs m'ont écrit pour signaler que ce sifflet d'angoisse avait été très efficace. Certains même m'ont assuré qu'il leur avait permis de sauver leur chien d'une mort certaine.

Le sifflet d'angoisse :
à n'employer que sur un chien adulte.

L'attaque et la défense

Avec un animal agressif ou qui passe pour tel, il faut avoir ce que j'appelle la preuve par neuf, une assurance supplémentaire que les ordres sont bien appliqués. Pour ce faire, lorsque l'on est seul, on testera le chien avec une multiplicité de pièges. Tous les ordres doivent être répétés et révisés, de manière à obtenir l'obéissance parfaite.

Avec certains grands chiens, il est conseillé de les soumettre à un entraînement spécial, de manière à être certain de les dominer en cas d'accès de fureur soudaine, après une grande peur par exemple.

Si votre chien a le coup de dent facile, vous pouvez

l'éduquer à l'attaque et à la défense, afin de canaliser cette énergie, mais uniquement pour cette raison.

La finalité de cette éducation particulière est d'empêcher un animal de se laisser aller à son instinct. Conditionné, inhibé même par les exercices, il ne mordra plus que sur commande.

Ce n'est pas facile à obtenir, surtout si vous n'avez pas une emprise totale sur lui.

Apprendre à un chien à mordre un humain, c'est aller contre sa nature profonde. En l'éduquant ainsi, il faut être sûr de son équilibre pour le laisser vivre au milieu des autres. On prend, en tout état de cause, une énorme responsabilité.

Un chien est déjà dissuasif par lui-même, surtout s'il est gros.

Je voudrais mettre en garde une fois de plus les lecteurs contre certaines pratiques. Il y a, par exemple, des dresseurs qui proposent des chiens « clef en main », soi-disant entièrement dressés, y compris à l'attaque et à la défense. La profession n'étant ni organisée ni reconnue par les pouvoirs publics, n'importe qui peut s'intituler et s'instituer « dresseur professionnel », et vendre des chiens sans aucune garantie quant à la qualité de l'éducation et de l'équilibre psychique.

Le club de défense peut être une solution pour canaliser un chien mordeur.

N'oublions jamais que le chien est le meilleur ami de l'homme. Il est donc absolument nécessaire que ce soit le couple homme-chien (en l'occurrence maître-chien, c'est-à-dire vous et votre compagnon) qui travaille ensemble.

Il faut bien savoir que chaque animal a sa personnalité propre, et dans ce domaine de l'éducation à la défense, il sera nécessaire d'adapter les exercices en fonction de chacun. Ainsi Mabrouk, quand je discutais dans mon bureau et que le ton montait, venait se placer entre mon interlocuteur et moi. Sans bouger, il poussait des petits cris de gorge, sorte d'avertissements.

La nuit, lors de nos promenades, quand il voyait des passants arriver vers nous, il se rapprochait de moi, puis quand ils n'étaient plus qu'à une vingtaine de mètres, allait au-devant d'eux.

Ensuite, il les « escortait » jusqu'à ma hauteur, me dépassait avec eux, puis revenait à mes côtés.

C'était un comportement inné, car jamais je ne le lui avais enseigné.

Junior, lui, quand un visiteur entre dans le bureau, vient se coucher sous ma table de travail et s'endort. En fait, il est aux pieds du visiteur et sait donc ce qui se passe. Le soir, pour nos balades, il n'effectue pas les allées et venues comme son « père », mais surveille les passants qui nous croisent... en les suivant du regard, ce qui le rend assez inquiétant.

Mabrouk était d'un caractère entier, un bagarreur qui ne reculait devant rien, d'où mon extrême vigilance. Junior, plus paisible, n'attaque jamais le premier. Mais il n'hésitera pas à répondre à la provocation... et en prenant de l'âge... il semble même la rechercher. Si un chien fonce sur lui, son premier réflexe est de reculer afin de se donner le temps d'analyser la situation et, s'il s'estime en danger, il décrit un arc de cercle lui permettant de contre-attaquer sur les « arrières » de l'agresseur.

On retrouve là une stratégie des Bergers dans la manière qu'ils ont de garder la maison : ils laissent entrer l'intrus, mais lui coupent ensuite toute possibilité de fuir.

Il apporte sa balle

Lorsque j'avais fait tester les qualités de défenseur de Mabrouk par un dresseur, j'avais été, au début, un peu déçu. L'homme était entré dans mon bureau en hurlant et en me menaçant, et mon brave Mabrouk était venu lui apporter... sa balle.

Sans doute, ni l'agresseur ni l'agressé que j'étais peut-être n'avaient-ils vraiment su jouer les rôles qui auraient permis au chien de déceler un état d'angoisse le mettant en alerte.

Cependant, me souvenant de l'incident avec un vétérinaire (Mabrouk était venu se réfugier derrière mon fauteuil), je demandai au dresseur de recommencer son attaque, mais en contournant mon bureau et en venant près de moi. Cette fois, l'homme n'eut pas le temps de franchir la moitié du chemin. Mon gardien fit son travail et joua les « Patriots », l'interceptant au bon moment.

Avec Junior, le premier test de défense a donné un résultat similaire. Le dresseur est entré, m'a empoigné. Junior, assis, contemplait paisiblement toutes ces gesticulations. C'était la première fois qu'il voyait un tel spectacle, il n'osait pas bouger, ne comprenant pas très bien la situation.

Ce n'était pas un chahut entre amis, auquel il assistait parfois et auquel il mettait bon ordre, en sautant sur les protagonistes, en jappant. Il n'avait jamais vu ni participé, grâce à Dieu, à une agression.

Il me fallut donc commencer l'apprentissage de l'attaque, de la défense, etc., et notamment lui apprendre un commandement spécial, connu seulement de lui et de moi, pour le faire entrer en action.

Je vous conseille de faire de même avec votre animal si vous envisagez de lui donner une telle éducation qui, je l'ai déjà dit, peut être utile parfois, et paradoxalement, pour éviter qu'il ne morde inconsidérément, dans n'importe quelle circonstance.

Il vous faudra avoir, en réalité, deux ordres : le premier mettant le chien en alerte, le deuxième l'incitant à l'attaque. Pour que ces ordres restent discrets, n'utilisez évidemment pas « attention » et « attaque », mais n'importe quels autres mots : « ficelle » ou « bambou » pour l'alerte, et « tousse », « Ave », « x » ou « y », ce que vous voulez, mais dans ce deuxième cas, une seule syllabe est préférable. Vous pouvez donc choisir un mot anglais : « break », etc., cela ne posera pas de problèmes puisque vous êtes en France et que le chien ne risque pas, à tout bout de champ, d'entendre ce mot, sauf si vous l'emmenez à la boxe.

La garde : de l'objet au bébé

Le chien au secours des enfants face au maître... attention cela arrive, mais ne devrait pas exister.

D'une manière générale, tous les chiens sont de bons gardiens. Du roquet (veilleur) au gros chien (dissuasif). Sur votre porte d'entrée ou votre portail, n'oubliez pas d'apposer un petit panonceau prévenant « Attention au chien ».

Certains animaux présentent des qualités de garde presque innées. Souvent, les Bergers allemands ont la particularité, nous l'avons déjà dit, de laisser entrer l'intrus, mais de l'empêcher de sortir. C'est une vieille réminiscence de l'instinct de chasse.

L'éducation à la garde d'un objet * peut se révéler une bonne astuce pour faire garder le bébé par votre protégé, dans le jardin par exemple.

Assez vite d'ailleurs, le chien se considère comme le gardien. Mais attention, cette attitude peut engendrer des inconvénients : le chien, prenant son rôle trop à cœur, interdira presque toute approche du bébé, même aux familiers. Il faudra, si cela arrive, intervenir fermement car il n'a pas à être agressif sans ordre.

J'ai raconté, dans *Junior, la tendresse retrouvée,* l'histoire d'un confrère qui avait deux filles, des jumelles. Une femelle Berger allemand partageait leur existence. Dès que le père voulait gifler ses fillettes, elles se roulaient par terre en hurlant, appelant la chienne à la rescousse. Celle-ci ne se faisait pas prier, venait aussitôt auprès d'elles et se mettait à gronder en direction du père. Les gifles, du coup, n'arrivaient jamais !

La chienne faisait preuve de désobéissance et de dominance vis-à-vis du maître des lieux...

Le refus de l'appât

Nous en avons dit un mot, en présentant le commandement « Touche pas ». Le « refus de l'appât », qui n'est pas facile à obtenir, s'avère souvent indispensable. Notamment à la campagne où trop de chiens, chaque année, sont empoisonnés, volontairement ou non.

En apprenant à votre toutou à ne pas ingérer de la nourriture traînant au sol, vous éviterez bien des drames.

Exercice

C'est par les pièges que l'on va enseigner cet ordre. Posez un morceau de viande sur un banc, dans le jardin ; près

---

* Je ne fais que signaler cette possibilité ; à vous de décider, en allant dans un centre d'éducation, ou en faisant appel à un éducateur qui se rend à domicile, d'inculquer ou non la garde d'objets à votre compagnon.

d'un mur ou le long d'une clôture, et surveillez le chien.

Chaque fois qu'il s'approche et tente de prendre le morceau, le maître (caché) lui envoie un plomb à l'aide d'une carabine d'enfant.

Cette technique est préconisée par certains « éducateurs » qui affirment « conditionner » l'animal qui associera ensuite sa « trouvaille » à un effet désagréable... le plomb ! On peut remplacer le plomb par des fléchettes dont le bout est en caoutchouc.

Autre piège, plus pratique, les petites tapettes à souris, dont on aura eu soin « d'attendrir » le ressort.

Votre compagnon s'approche du morceau de viande et se fait pincer le bout du museau.

Voilà une astuce efficace, mais évitez l'erreur que j'ai commise avec Junior.

J'ai eu le grand tort de piéger les tapettes avec de petits morceaux de viande, *devant lui,* avant de les disséminer dans le jardin.

Comme il est plus malin, plus intelligent que moi, il n'y a évidemment pas touché !

Certains conseillent d'employer des boulettes de viande et de les fourrer au poivre... Mais je ne suis pas sûr que ce procédé soit efficace à long terme. En effet, le chien ne risque-t-il pas de mémoriser l'odeur du poivre, et de continuer à accepter d'autres boulettes — exemptes de poivre celles-là —, et donc de demeurer à la merci d'une personne malintentionnée.

Il n'existe, hélas, pas de méthode infaillible pour empêcher son compagnon de céder à son péché mignon, la gourmandise : il vous faudra surtout faire preuve d'une vigilance de tous les instants.

Quand je suis en balade avec Junior, et je le faisais aussi du temps de Mabrouk, j'ai recours au « Beurk ! ».

Quand je vois mon chien se préparer à goûter un aliment sur le sol, je lui lance ce « Beurk ! » sur un ton d'écœurement prononcé. Il comprend ma désapprobation. Et quelquefois, il délaisse ce que l'instant d'avant il se promettait de goûter.

Les exercices enseignant le refus de l'appât présentent

un autre avantage : ils vous permettront d'éduquer un animal « voleur » (de nourriture).

William Campbell propose aux maîtres dont le chien présente ce défaut de jouer sur ce qu'il déteste.

Ainsi, l'animal qui redoute l'opération « coupe des ongles » sera dégoûté de chaparder si on l'appelle vers la table où se trouvent des plats et qu'on lui coupe un ongle juste après. Ou cet autre voleur qui déteste le bain. Il suffit de le faire venir près du plateau des amuse-gueule, puis de le conduire à la salle de bains où coule l'eau dans la baignoire. En une semaine, nous assure Campbell, le problème est réglé.

Évitez par contre l'isolement. Enfermer son compagnon dans une autre pièce pour lui interdire de voler lui ferait associer la venue d'invités avec sa propre exclusion de la famille.

Avant de clore ce passage consacré au refus de l'appât et au chien voleur, je me permettrai de rappeler que l'animal n'est pas seul responsable. Bien souvent, l'humain est coupable : coupable d'avoir laissé traîner à portée de dents des restes bien tentants... et n'oubliez pas — je le répète — la poubelle !

Le chien à la campagne

Contrairement à celui des villes, le chien des champs dispose de plus de liberté. Par voie de conséquence, son éducation pourra être moins affinée que celle que je vous ai proposée pour son frère citadin.

Je ne parle pas, bien sûr, de ces pauvres martyrs qui passent leurs journées à la chaîne, dans les cours de certaines fermes ou dans les zones industrielles à l'entrée des dépôts. Malgré les progrès réalisés, malgré une prise de conscience débouchant sur un changement de statut du chien à la campagne, il reste encore de ces pauvres hères dont le sort n'est guère enviable et que nous devons améliorer.

Nos compagnons qui habitent à la campagne, considérés et aimés par leurs maîtres, connaissent une existence plus souple dans ses exigences quotidiennes.

Cependant, la plupart des exercices prévus pour les chiens de ville les concernent aussi.

L'apprentissage des différents ordres, l'acquisition de la propreté, de la hiérarchie, sont aussi pour eux primordiaux. Toutefois, certaines contraintes disparaissent, comme par exemple la durée des jeux, des promenades, le chien ayant dans la majeure partie des cas la possibilité d'aller et venir de la maison au jardin.

Ce jardin justement pose souvent un problème : le chien doit s'y comporter en sujet discipliné, et non le transformer en terrain d'investigations en tout genre.

De nombreux jardiniers amateurs déplorent les dégâts que le brave toutou provoque dans les fleurs ou les carrés de légumes.

Pour éviter cela, vous devez enseigner à votre compagnon les zones autorisées et les endroits interdits. Un chien bien élevé doit marcher dans les allées ou sur le gazon... mais pas ailleurs.

Certains conseillent de sortir avec lui dans le jardin, de passer par l'allée, de lui ordonner « Assis », puis « Pas bouger » s'il fait mine de vous suivre dans le carré de légumes sur lequel vous prélevez une salade. Au retour dans l'allée, vous le félicitez, commandez « Allez » et rentrez chez vous. En renouvelant plusieurs fois cet exercice, vous obtiendrez rapidement des résultats.

Autre exercice : pendant que vous travaillez dans le jardin, lancez l'ordre « Couché », afin que votre compagnon soit le plus près possible de vous, mais dans l'allée.

En le surveillant du coin de l'œil, de temps en temps, vous le rappellerez à ses « devoirs » en ordonnant un « Pas bouger ». Il s'habituera ainsi rapidement à l'allée *.

---

* Abbé Godard, *J'éduque mon chien*, éditions Amphora.
Vous pouvez aussi, pour aider le chien, protéger vos parterres avec de petits grillages symboliques, pendant les premiers temps. Cette « frontière » sera plus difficile à franchir... par inadvertance !

Autre problème fréquent à la campagne, le contact avec d'autres animaux (poules, canards, lapins...).

Obéissant à son instinct ancestral de chasseur, le chien aura pour première réaction à leur vue de les courser... Junior n'a pas échappé à la règle.

Quand il débarqua, jeune chiot, chez moi, les poules étaient couchées. Le lendemain, sitôt dehors, Juju n'a pas hésité, il s'est précipité vers elles, et en a saisi une. Comme je n'avais pas encore commencé, et pour cause, son éducation, je l'ai pris par la peau du cou et l'ai secoué, en le traitant de tous les noms.

Il me fallait lui faire entrer dans le crâne que son comportement était intolérable.

Il a tout de suite compris, et n'a plus jamais cherché à les attaquer, ni même à les courser. Sauf, bien sûr, si je lui en lance l'ordre... pour les chasser du potager ou les éloigner de la maison. Bien entendu, il exécute son travail de « videur » avec délicatesse, sans les toucher !

Vous agirez de même avec les lapins, les moutons, etc. C'est vrai que les brebis, les moutons égorgés provoquent de graves incidents à la campagne.

Je n'admets pas les gestes de violence, mais je comprends que les bergers soient exaspérés par ces chiens des villes dont les maîtres se croient tout permis.

Autres sources de conflit : les chiens qui clabaudent et qui fuguent. Pour l'aboiement, je vous renvoie aux exercices déjà présentés.

La fugue, bien difficile à éviter quand l'animal en a pris l'habitude, nécessite au minimum l'installation d'une bonne clôture.

Si vous remarquez parallèlement que d'autres congénères (chiennes en chaleurs) errent dans le secteur, tâchez de dialoguer avec les maîtres pour tenter de leur faire comprendre qu'un tel comportement est néfaste à leur propre animal et au vôtre...

Rappelons enfin que les maires des communes ont toute autorité pour interdire la divagation des chiens (article 213 du code rural — voir annexes p. 204).

Les services de la chasse

Il n'est pas dans mes intentions, bien évidemment, de vous donner des conseils... pour la chasse. Mais certains chiens (Setter, Braque, Teckel, Épagneul, etc.) appartiennent, que leurs maîtres chassent ou non, à des races de chasse.

Il va nous suffire de profiter des qualités spécifiques de ces races pour en tirer bénéfice pour l'éducation.

Ainsi le Setter, chien tonique et un peu tout fou, pourra être éduqué au « Pas bouger », en utilisant son instinct à marquer l'arrêt.

Le Retriever, passé maître dans l'art de rapporter le gibier abattu, n'aura guère de problème à exécuter le rappel. Vous devez en quelque sorte vous conduire en judoka, c'est-à-dire utiliser ses comportements, ses compétences naturelles pour vous en servir.

L'instinct de l'animal est transformé en acte d'éducation.

Punition suprême : la bouderie

Pour un chien qui se nourrit d'amour, rien n'est pire que l'indifférence. Vous avez sans doute remarqué lors d'une visite dans un refuge quelle désespérance, quelle détresse recelait le regard des chiens abandonnés. Ils ont bien sûr le boire et le manger, mais il leur manque l'essentiel (malgré tout le dévouement dont font preuve jour après jour les responsables et les bénévoles qui œuvrent dans ces refuges). Ce principal, c'est l'amour d'un maître.

Vous ferez appel à la bouderie quand le chien rompra le pacte tacite qui vous lie. Cette bouderie ne peut s'exercer efficacement qu'avec un chien parvenu à un certain niveau d'éducation et qui a commis une faute grave. Autre condition pour qu'elle soit suivie d'effet : que vous vous aimiez bien tous les deux.

Jusqu'à présent, vous sanctionniez les bêtises ou les refus d'obéissance de votre toutou par un haussement de voix, une comédie de la désapprobation (avec force gestes), voire une tape. Mais votre amour l'un pour l'autre n'était pas affecté par ces réprimandes.

Au contraire, il sortait même renforcé, aux yeux de votre compagnon : même dans vos reproches, vous vous occupiez de lui ; il était toujours un être important pour vous.

Alors que subitement c'est à votre indifférence, à vous, son dieu, qu'il va se heurter. C'est l'incompréhension totale pour lui. Son maître continue à lui donner sa pâtée, à changer régulièrement l'eau de son bol, à lui faire faire ses promenades... La vie quotidienne se déroule en apparence comme d'habitude. Sur le plan matériel, rien de changé donc, mais sur le plan affectif, tout est différent. Un mur immense et infranchissable s'est dressé entre vous et lui. Vous êtes devenu lointain, inaccessible.

Votre ami s'interroge, inquiet : « Que se passe-t-il ? Mon maître se comporte comme si je n'existais pas ! Incroyable, on dirait qu'il ne me remarque pas, ne me voit pas... »

Cette incompréhension se transforme ensuite en angoisse. Pour s'en convaincre, il suffit de l'observer : son regard, son attitude en disent long...

Punition suprême, la bouderie. Résistez !

De votre côté, bien entendu, vous n'avez qu'une idée : rompre cette bouderie, pour vous précipiter bras ouverts, vers lui, pour le câliner, lui dire que c'est fini, que vous êtes à nouveau les plus grands copains du monde... Résistez un peu aux élans de votre cœur...

L'instant le plus « dangereux », le plus « dramatique » est sans conteste celui de la séparation du soir.

Il s'agit de résister absolument à tous les regards que vous lance, désespéré, votre chien : « Comment, tu ne me dis pas bonsoir, on va se quitter comme ça, comme des étrangers ? Qu'ai-je fait pour mériter un tel traitement, moi qui t'aime tant ? C'est injuste ; ce que tu me fais est épouvantable... »

Certes, le chien ne se dit peut-être pas tout ça... et pas de cette façon (qui nous est dictée par un anthropomorphisme naturel), mais il est très perturbé !

Encore une fois, je vous dis : résistez à tout prix, même si cela vous fait mal. Sinon tout ce que vous aurez échafaudé depuis le matin, depuis la « faute », n'aura servi à rien. Et deux ou trois jours plus tard, il vous refera « le coup du refus », avec d'autant plus de détermination qu'il saura que vos systèmes de défense ne sont que de simples velléités. En revanche, si vous persévérez, le chien saisit assez rapidement que la bouderie est dans votre système de vie une attitude délibérée.

À son tour, il va se doter d'une « carapace » mentale : il va sembler en prendre son parti, et continuer sa vie avec une forte dose de philosophie.

Et là, cela va être encore plus dur pour vous à supporter. Passe encore de jouer les indifférents envers un être qui en souffre, mais le faire devant quelqu'un qui semble lui-même indifférent, quelle débauche d'énergie cela exige !

Persistez dans la bouderie ; sachez que son indifférence envers vous est aussi feinte que la vôtre à son égard. Tenez bon et... ne suivez pas mon exemple.

Junior ayant commis une « faute », j'avais décidé de réagir par une indifférence systématique.

Très vite, j'ai eu devant moi un chien idéal : il allait au-devant de mes désirs, comprenait tout, et semblait me dire : « Alors, c'est fini cette bouderie ? On est copains, non ? Regarde, tout marche à merveille entre nous. »

Nulle réaction de mon côté : je n'entendais rien.

Le soir eut lieu la séparation, sans notre rituel habituel. Je l'ai laissé, sans un mot, et suis monté dans ma chambre. Je le devinais derrière moi, assis à sa place dans la salle de séjour, oreilles dressées, indigné par le traitement que je lui faisais subir.

« D'accord. J'ai commis une faute... mais se quitter comme cela, sans un bisou... »

J'ai tenu bon.

Et puis, vers une heure du matin... j'ai craqué. Je me suis levé. J'ai ouvert la porte, il était là sur le palier. Il m'attendait. On s'est embrassés comme des fous.

Mais j'avais commis deux erreurs.

La première, en ayant rompu si vite ma bouderie ; la seconde, en ne relevant pas la désobéissance de mon copain qui avait transgressé un interdit en montant à l'étage. Dans mon émotion, je ne l'avais pas noté, lui si !

Le lendemain, dès mon réveil, qui donc était sur le palier ? Junior ! Il s'est quand même écrasé au sol, quand je suis sorti de ma chambre, sachant qu'il était fautif.

J'ai réagi aussitôt, l'ayant pris sur le fait. Je l'ai grondé et lui ai intimé l'ordre de redescendre ; sachant qu'il essaierait désormais de recommencer à la première occasion.

Ne faites donc pas comme moi, maintenez la bouderie jusqu'à son terme, une journée entière au moins.

Le changement de personnalité

Si la bouderie constitue la punition suprême, pour un chien adulte, ce que j'appelle le changement de personnalité constitue l'exercice de la dernière chance, pour tenter de récupérer un chien désobéissant, devenu dominant, agressif, en un mot dangereux.

Vous allez changer vos habitudes, l'horaire de ses repas,

des sorties, des itinéraires. Se retrouver en promenade dans un lieu inconnu va le surprendre.

Vous allez changer votre personnalité : lui parler d'une manière différente, avec des attitudes, des mots nouveaux. Vous ne lui parlez plus sur le même ton. *Vous êtes littéralement devenu un autre.*

Mais attention, le chien ne doit pas déceler la supercherie. Cela demande des efforts, une vigilance de tous les instants pour ne pas se trahir. Il faut « jouer vrai » !

Le premier jour, il ne s'apercevra de rien... ou fera comme si, tout en notant soigneusement les « changements ». Ensuite, il sera complètement chamboulé, n'ayant plus de repères.

Cette situation, il va finir par l'admettre, en essayant de s'adapter à ce « nouveau » maître. Profitez-en pour reprendre les choses en main et récupérer votre autorité sur lui. Et surtout ne cédez pas. Dites-vous, pour vous encourager, que c'est la dernière chance pour lui éviter la castration, l'abandon dans un refuge, voire l'ignoble piqûre.

Conclusion

Voilà comment je suis parvenu à éduquer mes deux amis, Mabrouk et Junior. Patience et obstination ont été les maîtres mots qui ont guidé cette éducation. À vous de faire de même avec votre copain.

Vous allez trouver les suggestions et les remarques qui conviendront pour vous et pour lui, en les adaptant à sa personnalité et à la vôtre, puisque vous et lui êtes uniques. Nos chiens cachent en eux des trésors. À nous de les trouver et de les développer.

Ainsi, Junior est capable de faire face à toutes sortes de situations, grâce à son éducation et à son intelligence : faire de la planche à voile, lancer une balle de tennis, plonger, défendre son maître, rechercher un skieur sous une avalanche, ou un noyé dans la mer.

Il suffit de lui montrer une fois ou deux ce qu'il doit faire. Évidemment, c'est parce que je travaille pour la télévision et qu'il est devenu, avec Mabrouk, la mascotte de l'émission qu'il exécute autant d'exploits.

Mais dites-vous bien que nombre de nos compagnons sont aussi capables de réaliser de multiples exercices qui ont tous la même finalité : avoir un chien heureux et bien élevé qui ne suscitera aucune animosité chez ceux que la présence canine gêne.

Je vous l'ai répété plusieurs fois dans cet ouvrage : profitez de certains actes accomplis naturellement par votre chien pour lui enseigner l'ordre qui va correspondre

L'éducation par assimilation : profitez des dons innés de votre toutou pour l'éduquer, dans la douceur et la joie.

à ce qu'il vient d'effectuer. C'est la fameuse éducation par assimilation qui utilise les aptitudes innées du chien : il progressera rapidement et sans véritables contraintes.

Gardez toujours présent à l'esprit que l'on doit éduquer en jouant. Quel moyen fantastique pour être encore plus proche de son compagnon ! Ainsi la succession des « exercices-jeux » va-t-elle vous permettre de découvrir qui est votre chien (et ce sera la même chose pour lui, vis-à-vis de vous). Une complicité qui va vous le faire aimer encore plus. C'est tout le bonheur que je vous souhaite. À vous et... à lui.

Jean-Pierre Hutin

Portraits des races les plus représentatives

Ont été retenues vingt-deux races dont la majorité est de grande taille, et dont quelques-unes sont connues pour leur « caractère ». Il est évident qu'un gros chien impressionne et fait peur. En outre, les dégâts provoqués par ses crocs sont bien plus graves que ceux infligés par les petites « aiguilles » d'un Yorkshire.

C'est pourquoi il est essentiel d'éduquer parfaitement les grands sujets, tout d'abord pour éviter des accidents qui jettent le discrédit sur toute la gent canine, et surtout par simple politesse : celle de ne pas faire peur aux autres maîtres que l'on croise en promenade avec des compagnons parfois grognons, mais infiniment plus petits.

Maîtres de petits chiens, à vous aussi de dominer vos « fauves », car c'est souvent le grognement des petits qui déclenche l'ire des plus gros, agacés d'être chahutés de toutes parts par des garnements à pattes courtes.

Le choix que nous avons effectué est assez représentatif de la variété de caractères des 300 à 450 races répertoriées dans le monde. Vous trouverez donc, dans les annexes, la liste complète des clubs de races existant en France.

Le West Highland White Terrier et le Cairn Terrier

Un rouleur de mécaniques

Parmi ces « garnements », le Westie. Ils sont quelques-uns qui ont tendance à « rouler des mécaniques » au péril de leur vie. Voici un scénario des plus fréquents :

Hardi, volontaire et opiniâtre, notre Westie ira au-devant du gros chien en grognant avec une attitude franchement inamicale. Il est bien évident que « l'agressé » fera prévaloir sa taille et son caractère de dominant en aplatissant le petit insolent avec sa patte, tout en retroussant les babines et en montrant les dents.

Le Westie, sans peur ni reproche, ne se laissera toujours pas faire et ira jusqu'à mordre le gros (c'est un grand chasseur) comme un vulgaire lapin ! La victime perdra patience et...

C'est pourquoi, lorsque l'on possède des chiens dont la taille n'est pas à la hauteur de leur courage, il est bon de les mettre à la laisse ou, en tout cas, de les protéger d'eux-mêmes lorsque l'on fait des rencontres « disproportionnées ». On évitera bien des émois.

Chez le vétérinaire, n'oubliez pas que le Westie est robuste et a de bonnes dents ! Ce n'est pas parce que c'est un petit gabarit qu'il faut négliger son éducation, les mauvaises habitudes sont vite prises.

Son cousin : le Cairn Terrier

Un mot ici sur le « cousin » du Westie, le très beau Cairn Terrier. Ce dernier arbore des coloris variés (rouge, sable, gris bringé) par rapport au blanc immaculé (après lavage) du premier.

Comme le Westie, il est pétulant, vif, enjoué et un brin têtu. Remuant de nature, il est aussi un fouisseur-né : vous aurez du mal à l'empêcher de mettre sens dessus dessous un parterre de fleurs s'il a reniflé quelque effluve intéressant. Tâchez de lui donner des rudiments d'obéissance afin de pouvoir le contrôler, notamment lors de week-ends campagnards chez des amis. Le Cairn est aussi le plus sociable des terriers, contrairement à ses frères de sang, plutôt querelleurs. Sans pour autant être craintif, il n'est pas du tout belliqueux.

Attention, l'arrivée d'un bébé ou d'un autre chien sera forcément mal perçue par ce grand jaloux. Alors mettez-y les formes lorsque vous attendez un « intrus ».

Comme le Cavalier King Charles, le Cairn sera très malheureux en voyant arriver un bébé, surtout si on ne fait pas les efforts nécessaires pour le réintégrer « affectivement » dans la nouvelle cellule familiale élargie. Aucun danger bien sûr pour bébé, car le Cavalier comme le Cairn ont un sens du devoir inébranlable vis-à-vis du maître et des siens.

Il défendra bébé envers et contre tous, montera la garde auprès de lui, mais prendra un air de « mater dolorosa ». Ne vous en moquez pas, car pour lui la souffrance est terrible.

Le Chow-chow

Attention ! il se croit un lion

Véritable « lion miniature » à l'air altier et à la toison superbe, le Chow-chow — dit-on — est un peu chien par accident. Il est vrai qu'il a le caractère imprévisible d'un félin, indépendant, discret, peu démonstratif, pudique mais très tendre.

Son air courroucé et quelques mauvaises langues lui ont donné la réputation d'un chien grognon et parfois agressif. Pourtant, une fois de plus, c'est la mauvaise éducation de quelques sujets qui jette le discrédit sur une race formidable. Le Chow-chow a sans nul doute une très forte personnalité ; il faut donc régler les problèmes dès les premières semaines de sa vie. Mais voilà, certains maîtres se font prendre au piège de cette boule de poils attendrissante, de cet ourson en peluche à qui on passe tous les caprices : une permissivité qui encourage le Chow-chow, une fois adulte, à se considérer comme dominant.

Parfois, des maîtres de Chow-chow s'enorgueillissent de son indépendance qu'ils considèrent comme un signe de noblesse de la race ; il ressemble à un lion, il faut donc qu'il rugisse ! En encourageant ce genre de comportement, ils se préparent une existence où ils auront, sinon à obéir à leur chien, du moins à lui faire de grosses concessions.

Ces erreurs psychologiques commises par certains à l'encontre du Chow-chow valent pour de nombreuses autres races.

Quelques règles imposées avec intransigeance, et appliquées avec patience et douceur dès l'acquisition du Chow-chow vers sept à huit semaines (après la fameuse « socialisation »), évitent des déboires ultérieurs.

En apparence indifférent, c'est un chien d'habitudes. Curieux comme un chat, sensible et parfois un peu jaloux, il est avide d'exploration. Il a des réflexes quasi instantanés, mais il médite avant de passer à l'action. C'est d'ailleurs le cas lorsqu'on lui lance un commandement. Au lieu de réagir immédiatement, il semble vous toiser ! En fait, il réfléchit avant d'obéir. Il faut donc composer avec lui et ne pas interpréter ce retard comme un refus.

Le Teckel

Le mystère du couple

Il a le caractère d'un gros chien dans un tout petit volume. Alors, ne vous méprenez pas, il peut être « féroce » et, malgré son gabarit bien modeste, il peut mettre en fuite plus d'un intrus.

Considéré en France comme chien de compagnie, il est surtout élevé en Grande-Bretagne et en Allemagne pour la chasse. C'est dire que, malgré des pattes « demi-portions », il a besoin de courir et de se dépenser.

Lorsque vous prenez un chiot Teckel dans les mains, il vous regarde avec un air offusqué, comme si vous aviez commis un crime de lèse-majesté. Comprenez que cet être futé, gai, cabotin et un peu têtu fera tout pour dresser son maître plutôt que de se laisser dresser lui-même !

Il faut, dès les premiers jours, appliquer le système du « douceur-fermeté ». Sans jamais le brusquer, vous devrez arriver à vous imposer comme son maître sinon... bon courage : trop au service de votre Teckel, c'est lui qui finira par vous lancer la balle !

Plus sérieusement, attention aux problèmes de colonne vertébrale, un point faible chez le Teckel. Évitez de lui faire monter ou descendre de très hautes marches, et n'hésitez pas à le faire surveiller régulièrement par votre vétérinaire. Il y a maintenant des traitements préventifs contre la paralysie de l'arrière-train.

Les trois variétés de Teckel diffèrent légèrement par leur caractère.

Le poil dur, quasiment fabriqué « sur mesure » par les princes bavarois dès 1870, est le rustique de la famille.

Tout le contraire de ce sujet « rustre », l'aristocratique poil long à l'air langoureux, admirablement adapté à la vie en appartement. Ses admirateurs affirment qu'il est plus souple de caractère, et moins despote que ses deux frères. Enfin, le poil court constitue un compromis entre les deux.

Tous sont très exclusifs et aiment passionnément le maître qu'ils se choisissent tout seuls en leur âme et conscience. Chaque couple maître-Teckel vit une histoire d'amour complexe et absolue. Difficile de s'y immiscer !

Le Cocker Spaniel

Un indépendant fidèle

Le Cocker Spaniel, avec son poil soyeux, ses longues oreilles tombantes et ses yeux tristes, a fait craquer des générations entières. Shakespeare lui-même avait fondu sous le regard mélancolique du Spaniel et faisait dire à Helena dans *Le Songe d'une nuit d'été :*

« Je suis votre épagneul,
Plus vous me batterez, plus je vous cajolerai.
Traitez-moi seulement comme votre épagneul.
Repoussez-moi, négligez-moi, mais laissez-moi au moins vous suivre. »

Toutefois, ne suivez pas les conseils de l'illustre William.

Le Cocker est en effet un chien dont la fidélité dépasse l'entendement. Nous aurons toujours en tête l'image de Kim.

Kim, inconsolable après la mort de son maître, et qui se rendait chaque jour sur la tombe de ce dernier. Il passait une heure assis au pied de la dalle en marbre et puis s'en retournait chez lui. Une histoire vraie puisque, il y a quelques années, les caméras de « 30 Millions d'amis » ont filmé le pèlerinage quotidien de ce petit Cocker.

Mais attention, avec son regard angélique et attendrissant, le Cocker aura vite fait de vous « anéantir ». Il faut déjà, devant « le plus beau bébé du monde », savoir faire preuve de fermeté. C'est un chien au caractère indépendant qui préférera se promener à sa guise, plutôt que d'être tenu en laisse.

Comme il est de surcroît très sage et observateur, vous aurez tendance à le laisser faire. Mais, malheureusement, les villes ressemblent de plus en plus à Monte-Carlo le jour du Grand Prix. Je suis toujours émerveillé et inquiet de voir un Cocker ou un Labrador suivre son maître sans laisse, voire sans collier.

Quel que soit le degré d'obéissance du chien, cela est dangereux. On peut faire confiance à son chien, mais certainement pas aux émules d'Ayrton Senna qui nous frôlent.

Il peut se rebiffer

Le Cocker adore les enfants, et rien n'est plus touchant que de les voir chahuter ensemble. Mais la légende et (probablement) la réalité veulent que le Cocker devienne grognon en vieillissant et puisse parfois avoir des réactions d'exaspération. Il est donc préférable de mettre en garde les enfants. Cela vaut non seulement pour le Cocker, mais pour tous les chiens. Ce sont des puits de patience dont il ne faut pas abuser. Les parents, parfois, si émus et attendris par les mamours que prodigue leur progéniture à un chien, ont tendance à les laisser dépasser les limites du soutenable.

Certains chiens se lèveront pour aller se cacher, d'autres se rebifferont.

Un mot sur son origine.

Les Anglais récusent l'idée que Spaniel viendrait du mot « Spain » (Espagne), et avancent la thèse selon laquelle le mot serait en fait issu du carthagénois « Span » qui veut dire « Lapin ». Il est vrai que, depuis l'Invincible Armada, les Anglais répugnent à donner des origines hispaniques à celui qu'ils considèrent comme étant le plus britannique des chiens !

Le Dobermann

Trop rapide pour le commun des mortels

Herr Friedrich Dobermann était agent du fisc dans la petite ville d'Apolda (Allemagne) à la fin du siècle dernier. Il décida, afin de se protéger des voleurs alléchés par ses recettes, mais aussi de contribuables irascibles, de « fabriquer » un chien de défense plus combatif, plus courageux et supérieur à tous ceux qui existaient déjà.

Il y a réussi puisque ce véritable « pur-sang », il en a incontestablement l'allure, est le numéro un des chiens de garde en nombre de naissances aux États-Unis où il est le chien de police par excellence. Il est, en effet, l'un des rares chiens d'attaque qui ne « tient » pas la prise, mais mord à plusieurs endroits.

Bien qu'il n'ait pas l'endurance et la soumission du Berger allemand, c'est une véritable fusée qui part au moindre bruit et qui allie la rapidité à une grande intelligence.

Malheureusement, le Dobermann est parfois trop rapide et trop intelligent pour des gens qui ne savent pas le contrôler. Il a, en effet, besoin de maîtres qui aient de la fermeté et du doigté. Rien n'est plus désolant que de voir cette « arme chargée » aux mains de personnes qui lui laissent « vivre sa vie » sans le moindre souci de lui donner l'éducation qui lui est nécessaire. Cette inconscience mène fatalement à l'accident qui ne peut être imputable au chien. Le dicton « Il n'y a pas de mauvais chiens, mais de mauvais maîtres » prend ici tout son sens.

Il semblerait que le tempérament du mâle et de la femelle Dobermann soit très différent. La chienne est plus calme, sensible et affectueuse tout en gardant sa méfiance envers les étrangers. Le chien, extrêmement intelligent, est plus agressif et fougueux, et a besoin d'un maître capable de se faire obéir et aimer de lui.

Pour premier Dobermann, il est donc conseillé de prendre une femelle.

Afin que le Dobermann ne soit pas uniquement destiné à la garde, certains éleveurs cherchent à atténuer son agressivité naturelle en opérant une sélection s'appuyant plus sur des critères de beauté et de noblesse que sur le caractère.

Qu'en dirait Herr Dobermann qui voulait que « son » chien n'ait peur de rien, « pas même du diable en personne » ?

L'Épagneul breton et le Setter irlandais

L'un est doux, l'autre insouciant !

Le Fougères, grand-père de l'Épagneul breton, râblé, trapu, chasseur d'exception, était un épagneul blanc et marron, parfois noir et blanc, qui existait en Bretagne au siècle dernier.

À cette époque, les lords anglais aimaient à venir chasser dans la péninsule armoricaine avec leurs chiens. Toutefois, ils ne pouvaient retourner dans leur pays avec leurs animaux sans les mettre en « cage » pendant les six mois qu'exigeait la loi de la quarantaine qui existait déjà outre-Manche. Aussi laissaient-ils plus volontiers leurs compagnons dans des fermes sur place afin de les retrouver l'année suivante. Ces chiens qui étaient souvent des Setters, parfois des Pointers, nouèrent des « liens durables » avec les chiennes autochtones. L'on remarqua bientôt que la nouvelle génération issue de leurs amours semblait avoir un meilleur nez, chassait au vent avec plus de style et arborait fièrement les nouvelles taches rouge feu si caractéristiques de la robe du Setter. L'on ne pouvait plus nier l'influence anglo-saxonne !

Le « Petit Breton », comme l'appellent les passionnés de cette race, est probablement le chien français le plus apprécié dans le monde. L'Épagneul breton est le chien de toutes les qualités. Chasseur hors pair, il est surtout un formidable chien de compagnie. Obéissant, joueur, affectueux et sociable, il peut facilement s'habituer à une vie citadine, ce qui n'est évidemment pas le cas pour de nombreux chiens de chasse à qui la forêt et le plein air manquent cruellement. Il suffit de voir avec quelle frénésie le Setter irlandais court à la poursuite des pigeons et des écureuils du bois de Boulogne à Paris, pour être convaincu que la vie en appartement, sans sorties obligatoires, devient une quasi-incarcération. Ajoutez à cela que le Setter, notamment, se fait rarement à la circulation citadine, qu'il est souvent affolé et n'atteint jamais le degré d'éducation indispensable pour pouvoir s'adapter à la cohue d'une ville. Le Setter irlandais est un hypersensible plein de fantaisie qui tient à son « insouciance ». Il est donc parfois plus difficile à éduquer (alors que d'autres Setters comme le Gordon ont des aptitudes d'apprentissage étonnantes). Une fois que l'on est adapté à sa passion ludique et que l'on s'est armé de patience, on peut arriver à lui inculquer une mini-discipline.

Le sifflet ultrason

L'Épagneul breton, lui, est plus sage et plus appliqué ; on peut facilement le « driver ». Il apprendra la discipline avec le même entêtement qui, dit-on, caractérise parfois certains d'entre eux.

Bien que n'étant pas nous-mêmes partisans de la chasse ni un tant soit peu chasseurs, il est parfois intéressant d'utiliser les « armes » de ces derniers. Ne vous méprenez pas, nous faisons allusion ici aux sifflets ultrasons si pratiques pour le rappel — surtout lorsque l'on a affaire à des chiens qui, par nature, ne tournent pas autour du maître lors de la promenade quotidienne, mais parcourent d'énormes superficies le nez au ras du sol et la tête ailleurs.

Les femmes, notamment, auront du mal à siffler ou à hurler suffisamment fort pour faire revenir le chien, ivre de bonheur d'avoir pris la clé des champs.

En outre, l'Épagneul est un chien qui ne supporte pas d'être traité avec brutalité, et comme il a de très bonnes dispositions pour l'éducation, mieux vaut lui apprendre à ne pas désobéir. Vous éviterez ainsi tout accrochage avec l'être le plus doux du monde.

Le Berger allemand

Le roi des chiens

Lorsque le capitaine de cavalerie Max von Stepanitz « créa » en 1884 le Berger allemand, en opérant une sélection draconienne parmi les meilleurs chiens de berger du pays, il n'avait qu'une idée en tête, obtenir un animal qui « obéisse ». La rigueur germanique aidant, il a réussi à la perfection. Le Berger allemand est sans nul doute le chien qui se soumet le plus à son maître, et dont la seule raison d'être est de lui faire plaisir. Ses innombrables exploits au service de l'homme en sont la preuve. Chien de catastrophe ou d'avalanche, on le retrouve toujours en première ligne aux côtés des sauveteurs. Chien détecteur de drogue ou d'explosifs, il travaillera avec une assiduité qu'aucune sollicitation extérieure (ou distraction) ne pourra perturber. Le Berger allemand est toutefois une « mécanique de haute précision », un « bolide » qui ne devrait jamais être confié à des personnes qui ne sont pas capables ou qui ne veulent pas comprendre que ce chien a besoin d'un vrai maître qui sache le « mener » et lui consacrer du temps !

J'ai écrit deux livres sur deux Bergers allemands. J'ai cité abondamment dans le traité d'éducation et de savoir-vivre Mabrouk et Junior. Les téléspectateurs sont témoins depuis quinze ans de leurs extraordinaires qualités. J'aurai donc la sagesse d'arrêter là cette note sur le Berger allemand... le roi des chiens.

N.B. Il faut préciser qu'il n'y a en France guère plus de

120 000 Bergers allemands (autrefois appelés aussi Bergers alsaciens) de pure race inscrits au L.O.F. (le Livre des origines françaises), alors qu'il existe 800 000 « cousins » dits « Bergers de banlieue ». C'est la population canine la plus importante et, par conséquent, c'est elle qui est la plus citée par la presse lorsqu'il arrive des accidents. Une presse qui, dans ces cas, ne fait pas toujours la « nuance ».

Le Husky sibérien

Le chien aux yeux bleus

Voici un chien qui a souffert de la saisissante beauté de son regard. Sans se renseigner sur la race, sans même faire l'effort de connaître son nom ou ses origines, certains se sont précipités dans des chenils pour acheter le « chien aux yeux bleus ».

Une attitude un peu irresponsable qui a nui à cette race et qui, en outre, a condamné les sujets aux yeux marron, qui ont pourtant toutes les qualités du Husky. En effet, ces derniers, devant la demande exclusive des yeux bleus, étaient éliminés à la naissance. Le choix d'un animal quel qu'il soit, uniquement basé sur des critères de beauté, est à proscrire. C'est un chien que l'on choisit par passion, parce que l'on a le syndrome du Grand Nord, l'envie de l'aventure et que l'on s'est résolu à faire des sacrifices pour vivre quelques moments de « l'Appel de la forêt ».

En effet, le Siberian Husky fut créé il y a très longtemps par les Esquimaux Chukchi installés dans le bassin du fleuve Kolyna au nord de la Sibérie.

La survie de ces chasseurs nomades dépendait de l'endurance, de la rapidité et du courage d'une race de chiens qu'ils avaient développée grâce à une sélection rigoureuse.

L'isolement total de ces peuplades vivant en marge de la civilisation fit que leurs chiens restèrent très purs. Ils attelaient les chiots dès l'âge de deux mois, et seuls les animaux performants étaient retenus.

Il fugue

Le futur leader, une fois choisi, était alors attelé en tête de l'équipage aux côtés du vieux chef pour que ce dernier lui apprenne son métier. C'est donc avant tout un chien de meute, qui a besoin de vivre en groupe. Les vrais amoureux du Husky n'en ont rarement qu'un seul. Ils savent que ce chien a besoin de longues heures d'exercices. L'un d'eux m'avouait qu'il lâchait ses chiens dans la forêt et qu'il savait à partir de cet instant qu'il lui faudrait parfois cinq heures pour les récupérer. Comprenez qu'ils ne sont pas de nature « obéissante » ; ce n'est d'ailleurs pas leur rôle principal. Idéalement, il faudrait pouvoir leur adapter un attelage à roues (afin qu'ils puissent faire les courses de fond qui leur sont indispensables).

Comme tous les chiens de meute, il est très sensible à la hiérarchie, il n'accepte l'autorité du maître que si ce dernier se comporte en véritable dominant qui sait donner du lest dès le premier signe de soumission.

Vivant aux côtés des hommes depuis la nuit des temps, le Husky sibérien est sans méfiance et sans agressivité aucune contre les humains. C'est pourquoi il n'a guère de dispositions pour la garde. Quant à son défaut principal, c'est sûrement d'être très fugueur.

On n'est pas le maître d'un chien, mais le maître d'un Husky ; il y a donc tout un apprentissage spécifique auquel on doit se soumettre avant même d'espérer l'inculquer à son chien.

Nous parlons ici du Husky, qui est le « pur-sang » des chiens de traîneau (capable de parcourir 100 kilomètres par jour en tirant une charge voisine de 50 kilos), mais il en va de même pour l'Alaskan Malamute ou le Samoyède, des chiens forgés pour aider l'homme dans un environnement hostile plus que pour être des bibelots ambulants, traînant sur des moquettes moelleuses.

Le Dogue allemand

2 kilos de viande par jour !

Que de controverses sur l'origine, voire sur le nom du géant de la race canine !

Bien que son appellation cynologique officielle soit « Dogue allemand », les Anglo-Saxons s'évertuent à l'appeler Great Dane — Grand Danois, alors que le Danemark n'a rien à voir dans l'histoire !

Le Dogue allemand, qui atteint parfois 90 centimètres au garrot pour un poids de 60 kilos et plus, peut facilement semer la panique chez tous ceux, hommes ou chiens, qu'il croise dans la rue. C'est pourquoi il est important qu'il soit très bien élevé et surtout qu'il obéisse au doigt et à l'œil, un résultat pas toujours facile à obtenir car son intelligence est particulière ! Toute négligence, toute méconnaissance de la psychologie animale peut être la cause d'accidents regrettables. Chien fondamentalement doux et patient, il peut, à cause de cette force et de cette taille exceptionnelles, devenir une « menace ». Il faut donc que son maître le surveille en permanence, même lorsqu'il joue, car il peut renverser quelqu'un sans s'en apercevoir !

Le Dogue allemand est d'ailleurs interdit dans les concours de travail où l'on teste le mordant : aucun attirail matelassé utilisé par les dresseurs ne pourrait résister à la pression de ses crocs !

Les Dogues sont bien sûr des gardiens incorruptibles, affectueux et généreux avec leur maître, mais tout à fait « inamicaux » avec les malfaiteurs.

La torsion de l'estomac

Comme tous les grands chiens, le Dogue peut être victime de la « torsion de l'estomac ». Elle peut apparaître après un repas lorsque l'animal a trop bougé, entraînant un ballonnement de l'estomac parfois mortel si on n'intervient pas à temps.

Mieux vaut ne pas faire vivre ce colosse en appartement, car il a un grand besoin d'exercice, surtout pendant sa croissance, qui peut durer jusqu'à l'âge de vingt mois.

Une fois adulte, sachez que ce gargantua ingurgitera 2 kilos de viande par jour, et autant de légumes !

Le Caniche
Méconnu

On serait tenté de dire que le caniche arrive au monde déjà « dressé » tant cette race est réputée pour son intelligence et son savoir-faire exceptionnels.

La seule chose que je souhaiterais mettre en exergue est que le caniche n'est pas un chien à sa mémère, au contraire : son nom anglais « poodle » veut dire « patauger dans l'eau ».

Cet être sophistiqué chassait donc à l'origine le canard dans les mares boueuses ! Ce qui lui vaut son toilettage en « tonte de lion » que d'aucuns trouvent ridicule, mais qui lui vient de l'époque où il était chasseur. L'arrière-train de l'animal devait être tondu afin qu'il ne reste pas enlisé dans les marécages. Quant aux « pompons » de fourrure laissés aux articulations, ils le protégeaient des rhumatismes !

Alors, n'hésitez pas à faire de longues marches avec votre caniche, sachez que son sens de l'orientation et sa mémoire hors du commun sont légendaires. Pour exemple, le caniche de Victor Hugo qui traversa toute l'Europe pour rejoindre son maître. Mais restons prudents, ne nous fions pas totalement à la légende, car avec la circulation actuelle, un chien aura bien du mal à parcourir tout seul ne serait-ce que dix kilomètres.

Le caniche est aussi un comédien-né qui possède des dons d'imitation qui l'ont souvent mené au cirque et au music-hall. Mais il sait aussi faire fi des frous-frous en devenant guide d'aveugle ou même chien de drogue, grâce à son flair développé.

Sa petite taille lui permet, en outre, de se faufiler dans des endroits où de plus gros chiens n'ont pas accès (le tri postal, par exemple, sur les étagères à Orly).

Attention, ce chien doux, vif et audacieux, supporte mal la solitude !

Certains sujets peuvent être plus « nerveux » que d'autres, à ceux-là il leur faut des maîtres calmes, sachant tempérer l'ardeur de leur compagnon.

Le Bobtail

À épuiser tous les jours !

Le « Old English Sheepdog », ce bon vieux chien de berger anglais, a abandonné avec complaisance les vastes plaines du Devon pour la moquette des salons.

En le regardant se vautrer dans votre fauteuil préféré avec volupté et décontraction, n'oubliez pas que c'était un formidable chien de troupeau tant pour conduire bœufs et moutons vers les marchés, que pour les défendre des prédateurs.

C'est pourquoi, lorsque l'on décide de prendre un aussi grand chien, il faut se résoudre à lui donner l'exercice qui lui est nécessaire. Il ne suffit pas de faire le tour du pâté de maisons ! Turbulent et débordant d'affection, il aura vite fait de vous faire tourner la tête si vous ne vous efforcez pas de « l'épuiser » chaque jour en ébats et courses effrénés.

Un bon tuyau, des promenades à vélo (tout terrain en famille, si possible, pour éviter les gaz d'échappement et la circulation).

Le Bobtail retrouvera ses gestes ancestraux et tentera de regrouper le peloton avec des va-et-vient incessants. Attention toutefois aux coups de dents dans les pneus si vous n'obéissez pas assez vite.

Véritable « nounou » des enfants, il est d'une patience exemplaire. Cependant, méfiez-vous, car ses accès de joie peuvent le faire bousculer un bébé ou une personne âgée. Alors, dès son plus jeune âge, dissuadez-le de vous mettre les deux pattes sur les épaules pour vous étreindre... ou vous soumettre !

Le Bobtail craint la chaleur : on voit de plus en plus de races à poil long, comme le Briard, se faire tondre en été. Mais, de grâce, sachez que les chiens ont le sens du ridicule : tâchez de deviner ce que votre chien craint le plus, la chaleur ou les quolibets !

Le Labrador

L'image d'Épinal

Si le Labrador incarne exhaustivement les qualités du chien parfait, il est parfois victime de son propre succès. Sa fulgurante popularité l'a éloigné de sa « fonction originelle », celle d'être chien de chasse; au point que le président du Retriever Club de France, Elie de Rothschild, met en garde contre la transformation du Labrador en « grosse vache citadine », incapable du moindre effort!

L'animal est avant tout un athlète, qui doit être élevé et nourri comme tel.

Véritable compagnon de jeu des enfants, il est d'une incommensurable patience, et cultive l'instinct de protection. C'est ce même instinct qu'il utilise lorsqu'il devient chien d'aveugles, de sourds ou guide de handicapés moteurs. Le Labrador est parmi les chiens celui qui aurait le meilleur flair. Il est donc tout naturellement désigné pour être chien de drogue.

Si les spécialistes de la race le veulent avant tout chien de chasse, tous les autres l'aiment parce qu'il représente l'image d'Épinal du « bon chien » qui allie tendresse, douceur, affection et fidélité.

Quant à la cohabitation avec d'autres chiens de rencontre, notamment en promenade, n'oubliez pas que le Labrador est un grand chien bien doux, bien gentil, etc., mais lorsqu'il est de couleur noire, il a tendance à « impressionner » ses congénères qui deviennent méfiants. Suivant les caractères respectifs des protagonistes, il peut y avoir quelques grognements, voire des escarmouches, d'autant que, la demande du public devenant trop importante, de plus en plus de sujets ont quelques tendances agressives.

Le Fox-Terrier

Un danseur téméraire

Le Fox, c'est du champagne qui coule à flots : pétillant, gai, bondissant, ce petit chien toujours en mouvement danse plus qu'il ne marche. Son maître doit être prêt à se laisser emmener avec bonne humeur dans ce tourbillon de vie. Avis donc aux amateurs !

Ouragan, au caractère éminemment latin, le Fox est pourtant anglo-saxon. Créé par des éleveurs britanniques au début du XIXe siècle pour la chasse au renard, ce formidable terrier n'hésite pas à se faufiler sous la terre et à la creuser énergiquement, voire frénétiquement, pour mieux traquer le gibier. La proie donna d'ailleurs son nom au poursuivant, puisque Fox en anglais veut dire « renard ».

Certains ont pu voir dans « 30 Millions d'amis » le reportage sur un fox qui avait passé seize jours et seize nuits au fond d'un puits sans boire ni manger. Il n'a dû son salut qu'au courage de deux spéléologues qui réussirent in extremis à le remonter à l'air libre.

C'est dire qu'il est téméraire et inconscient du danger. A cela, il faut ajouter le fait qu'il est aussi batailleur et peu sensible à la douleur. Le Fox n'hésite pas à s'attaquer à des chiens bien plus gros que lui.

Un foudre de guerre

Sans aller jusqu'à conseiller à ses maîtres de ne se déplacer qu'avec une trousse d'urgence, il faut néanmoins les prévenir qu'ils doivent toujours être prêts à sauver ou à soigner leur « foudre de guerre » qui se fait souvent mordre par des congénères, peu amateurs d'un caractère aussi belliqueux. A part ce petit « travers » qui n'est en fait que du courage exacerbé, le Fox-Terrier est le plus agréable des chiens, un formidable « copain » sur mesure pour les enfants qu'il séduit par sa gaieté et sa vivacité. D'une grande intelligence, il voue à son maître une telle adoration qu'il en devient exclusif et parfois même jaloux. Il faut donc apprendre à contenir cet amour-passion sans le contrarier.

Tintin et Milou sont la plus belle illustration des liens complexes et indissolubles qui peuvent exister entre un Fox et son maître. Milou est toujours audacieux, souvent obstiné, parfois insolent, mais prêt à donner sa vie à chaque instant pour son maître et complice.

L'Airdale

Il ne se « dégonfle » pas

Dynamique et plein d'allant comme tous les Terriers, l'Airdale avait en plus la taille nécessaire pour devenir un chien d'attaque et de défense (50 à 68 centimètres au garrot). Il fut donc une des toutes premières recrues canines des polices et des armées anglaise et allemande, avec le Berger allemand, le Schnauzer géant et le Dobermann ; autant de races « fabriquées sur mesure » pour des tâches spécifiques.

Dès la Première Guerre mondiale, l'Airdale, agile et infatigable, devint un des meilleurs agents de liaison des services de renseignements alliés. En effet, le plus puissant et le plus grand des ratiers se faufilait avec aisance dans les immenses « terriers » qu'étaient les tranchées.

Il est donc plus prudent de considérer l'Airdale, non pas comme un Terrier inoffensif qui aurait trop grandi, mais comme un chien de la trempe du Berger allemand, du Beauceron, etc. Comme pour ces derniers, il lui faut aussi une éducation appropriée. Toutefois, on doit avoir des « atomes crochus » avec ce gentleman élégant aux moustaches et à la barbe taillées. Comme tous les terriers, ses faits et gestes sont guidés par la passion. Il faut donc utiliser à son égard une fermeté « cachée », sans brutalité, afin de ne pas le buter. Animal d'une grande franchise et d'une candeur désarmante, il a avant tout un grand besoin de se sentir aimé et respecté.

Attention aussi lors de la promenade : l'Airdale, sans

être vraiment agressif, provoque souvent des « étincelles » avec d'autres chiens. Il a une manière de s'en approcher avec fierté et assurance qui, parfois, irrite l'adversaire ; et comme l'Airdale ne se « dégonfle » jamais (n'oublions pas qu'il a un zeste de Bull-Terrier dans le sang), cela peut dégénérer en bataille rangée.

Mieux vaut, comme pour tous les gros chiens — et peut-être aussi le Westie, son cousin —, le garder à la laisse lorsque l'on croise d'autres promeneurs à quatre pattes.

Les Bergers belges

Les quatre mousquetaires

Malinois, Groenendael, Tervueren, Laekenois.

Les quatre variétés de cette même race, réputée pour sa beauté et l'élégance de ses formes, ainsi que pour ses qualités de courage et de fidélité, ne diffèrent que par la nature et la couleur de leur robe. Un poil court, fauve, au masque charbonné pour le Malinois, long et noir pour le Groenendael, long et d'une couleur autre que noire pour le Tervueren et enfin, dur, fauve charbonné et broussailleux pour le Laekenois que l'on trouve peu en dehors de son pays d'origine.

A « l'usage », on peut néanmoins se demander s'il n'y a pas quand même des différences de caractère d'une variété à l'autre.

Le Malinois

En effet, le Malinois est connu pour sa très forte personnalité et son côté moins « commode » que ses frères de race. Une des responsables du Club français des Bergers belges l'explique par le fait que la texture du poil a eu un effet indirect sur le caractère ! Le Malinois a un poil court et une allure plus rustique ; c'est donc lui que l'on choisissait plus facilement comme chien d'utilité, notamment de garde et de police. Il est vrai que son entretien était plus aisé que celui d'un Groenendael ou d'un Tervueren au poil long. La fonction même du Malinois a ainsi forgé son caractère. On a avantagé des sujets à la personnalité bien affirmée et aux réflexes les plus affûtés.

Il fut même un temps où la sélection du Malinois était uniquement dirigée vers l'utilisation et le sport canin. Certains ont recherché exclusivement des qualités de mordant au détriment de l'équilibre caractériel. Cela a contribué à donner des sujets nerveux, parfois même agressifs. Aujourd'hui, on rectifie le tir, et si le Malinois est plus équilibré que par le passé, il a gardé son caractère « affirmé » qui est un atout indéniable qu'il faut savoir exploiter et surtout maîtriser avec souplesse.

Ce n'est pas un chien à mettre entre toutes les mains. Il pardonnera difficilement les erreurs d'éducation. En effet, si le Berger allemand laisse un droit à l'erreur, le Malinois, lui, s'élève sans joker !

Le Groenendael

Chez le Groenendael aussi, l'habit a un peu fait le moine ! Avec sa somptueuse fourrure noire, c'est l'aristocrate de la race. Il est probable qu'il ait été plus sollicité depuis quelques années pour sa beauté et ses qualités de chien de compagnie, que pour sa force de caractère et ses exploits sportifs. Par conséquent, il est aujourd'hui moins présent sur le terrain comme chien d'utilité. Pourtant, à la fin de la dernière guerre, le Groenendael faisait jeu égal avec le Berger allemand dans les concours de sport canins, tant dans le travail de ring qu'en pistage, bien qu'il fût moins « souple ». Il ne faut pas oublier que c'est un beau chien, mais surtout un bon chien. Il serait dommage de le confiner en appartement ou d'en faire un animal d'ornement, car c'est un sportif remarquable, résistant et courageux. Chien d'un seul maître, il supporte moins que les autres Bergers belges des « changements de main » imposés par une activité dans la police ou dans l'armée. Pourtant, il en a toutes les qualités physiques et morales.

Le Tervueren

C'est l'autre variété de Bergers belges à poil long, mais à couleur autre que noire. Il a connu un destin inverse de celui du Groenendael. Après avoir été carrément banni au début du siècle, il a été touché par les ravages causés par les deux guerres mondiales. C'est finalement un spécimen fauve, issu de deux Groenendaels d'un élevage français, qui allait marquer « la renaissance » du Tervueren. Il est aujourd'hui la variété de Bergers belges la plus répandue dans le monde.

Certains grands champions sont d'ailleurs issus de Malinois dont ils ont pris quelques traits de caractère. On dit parfois que c'est un écorché vif, et qu'il a besoin de toute l'attention de son maître, mais aussi de celle de sa famille. Comme tous ceux qui ont la sensibilité à fleur de peau, il est à manier avec tact, car dédaigné, repoussé ou brutalisé, il perdra tous ses moyens.

Lorsque l'on possède un gros chien qui a de surcroît une hérédité de chien de garde, voire de défense, comme c'est le cas pour le Berger belge, mais aussi pour d'autres races comme le Berger allemand, le Bas Rouge, etc., il faut absolument « affûter » son éducation.

Le dernier mot

La philosophie de la permissivité et du laisser-faire serait une attitude non seulement irresponsable, mais aussi un moyen certain pour perdre la confiance de votre animal. Il y a actuellement, un peu partout en France, des centres d'apprentissage où l'on peut se rendre avec son chien, afin d'en faire, non pas un attaquant féroce, mais un « gentleman » qui vous rendra la vie agréable : la marche au pied avec ou sans laisse, le rappel à distance, l'assis-couché, le comportement à l'égard « d'étrangers » inoffensifs, etc. C'est un bon moyen de vous faire assister dans l'éducation de votre animal, mais aussi de passer une journée en plein air, en compagnie d'autres chiens et d'autres maîtres, et d'échanger bien des conseils utiles.

Dans l'éducation du Berger belge, il y a un mot clé : Justice ! Quelle que soit sa variété, il n'acceptera jamais l'injustice. Il faut apprendre à le punir avec « parcimonie et à bon escient ». S'il vous arrive de le réprimander à tort, il manifestera sa désapprobation, non pas par une agressivité quelconque, mais par un flagrant désintéressement de ce que vous lui demanderez par la suite. Il faudra attendre que « ça se passe » pour reprendre le travail. D'où la nécessité aussi d'une infinie patience et d'une absence totale de brutalité. Tout doit être fait avec finesse et doigté. Le Berger belge, éduqué avec justesse et douceur, ne commettra pas de fautes méritant une réprimande sévère. C'est un animal hypersensible et très intuitif, il « sent » l'impatience de son maître quand celui-ci insiste trop sur un exercice. Il peut alors se braquer lui aussi. Il vaut mieux choisir la spontanéité et la décontraction à une obstination lassante pour tous.

Vous devez cependant avoir le dernier mot. Plus que d'autres chiens, le Berger belge relève des conseils généraux de ce guide et de « L'éducation affinée » (cf. p. 123).

Le Leonberg

Une « nounou »

Certains pensent qu'un habitant de Leonberg, un bourg près de Stuttgart, Henri Essig, aurait obtenu en 1846 cet animal noble et fort, à la fourrure somptueuse, en croisant des Terre-Neuve et des Saint-Bernard. Du premier, le Leonberg aurait hérité les pattes palmées et le don pour la nage ; du second, il aurait reçu la stature imposante et l'instinct de sauveteur qui allaient faire de lui un bon chien d'avalanche. D'autres croient que le Leonberg est une race très ancienne issue directement du Mâtin du Tibet, et qui aurait été élevé en Allemagne dès 1625 par les princes de Metternich.

Quoi qu'il en soit, ce chien impressionnant a toujours été très populaire en Allemagne et en Autriche où il fut le compagnon favori des empereurs autrichiens. Marie-Antoinette fit venir à Paris un Leonberg mesurant un mètre au garrot, en souvenir de son pays natal.

Le Leonberg est fait pour tous ceux qui ont toujours rêvé de posséder un méga-chien, un fauve, sans jamais oser en affronter les inconvénients, voire les dangers. Voici un poids lourd de soixante-dix kilos d'une grande douceur, qui sait se faire tout petit. C'est aussi un des rares molosses qui ne bavent pas et qui aboient juste ce qu'il faut.

Si le Leonberg n'est pas à proprement parler un chien de défense (il fait partie du deuxième groupe, c'est-à-dire de type molossoïde ou de montagne), il est néanmoins une arme de dissuasion impressionnante, grâce à son apparence.

Ce géant (le mâle peut mesurer 80 centimètres au garrot) a un péché mignon : la paresse ! La seule façon de lui faire faire de l'exercice, c'est de lui donner l'exemple en enfilant vos baskets. Il vous suivra alors avec entrain, car la solitude est sa hantise, mais avec gentillesse, il refusera la plupart des exercices présentés dans le guide... ou alors, il sera une exception !

Sachez enfin que le Leonberg possède même chez le mâle un instinct « maternel », qui le pousse à prendre sous sa protection l'enfant ou même le petit animal de la maison. Hors de la présence de ses maîtres, il fait abstraction de la vie, il n'existe plus. Si vous le quittez, même un court moment, il ne ressuscitera qu'à votre retour ! À vous de vous adapter à sa sensibilité et de prendre vos responsabilités.

Le Briard et le Beauceron

L'un peut cacher l'autre

On a trop tendance à considérer le Briard et le Beauceron comme deux races bien distinctes. Le premier est pris pour un bon gros « toutou » débonnaire et on ne peut plus aimable, le second pour un chien difficile, féroce et impressionnant.

Ils sont pourtant tous deux frères de race, et descendants du très ancien et très pur Berger français qui, pendant des siècles, a gardé et conduit les troupeaux.

J'ai voulu les associer ici, volontairement, afin que l'on ne considère plus le Briard comme un Yorkshire géant, sans problèmes, car on ne le retient pas comme on veut, et il a parfois quelques traits de caractère qu'il a empruntés au fameux « Bas Rouge », son frère. Comme lui, il peut être chien de défense ou de travail. On le voit de plus en plus dans les rangs de chiens de catastrophe, etc. Il est donc indispensable de savoir le tenir, de bien l'éduquer, et surtout de l'obliger à obéir, car il a une petite tendance à « l'étourderie » simulée !

Le Beauceron, lui, a une facilité d'obéissance exceptionnelle. Très attaché à son maître (on dit qu'il n'obéit qu'à lui), il est toujours sur le qui-vive, et reste très méfiant avec les étrangers dont il supporte mal le contact. Doté de réflexes rapides, il est très « mordant ». Il faut donc savoir maîtriser et tempérer son agressivité naturelle.

Tous deux sont des chiens de plein air qui ont besoin de beaucoup d'exercices pour garder leur condition physique et leur équilibre moral. Mais attention, autant on se méfie du Beauceron car sa réputation de chien à caractère est connue, autant on a tendance à cataloguer le Briard comme un gros ourson inoffensif, et on voit souvent des personnes complètement désarçonnées par leur petit Briard devenu grand !

Le Boxer

« Il brûle la vie par les deux bouts »

Malgré son air triste et renfrogné, c'est le chien le plus joueur du monde. Gai, fougueux et plein d'exubérance, c'est un animal qu'il faut savoir calmer par une éducation ferme mais pleine de doigté, car il ne faut surtout pas brimer son esprit ludique. Il est ainsi le compagnon de jeux idéal pour les enfants. En l'absence de ceux-ci, seuls capables de le fatiguer, il lui faut un maître qui saura partager son goût immodéré du jeu. Le Boxer est aussi un athlète tout en muscles dont il faut entretenir la forme physique. Fidèle et très sociable, on dit de lui qu'il peut rivaliser avec les meilleurs chiens de garde et que, mentalement, c'est l'une des races les plus équilibrées. Seule ombre au tableau de ce « personnage » canin, c'est sa courte durée de vie. Il vieillit vite et dépasse rarement douze ans. Il faut bien le surveiller et veiller aux tumeurs cutanées qui sont fréquentes chez le Boxer. Si certaines sont bénignes, d'autres peuvent être cancéreuses. C'est peut-être pour cela qu'il brûle sa vie par les deux bouts avec son goût immodéré de jeux, de sport, de gaieté et de tendresse.

On n'y résiste pas, et l'on n'a rarement qu'un seul boxer ; lorsqu'on attrape le virus, on peut finir avec quatre ou cinq.

Et, de grâce, ne lui coupez pas les oreilles ! Le standard les accepte longues en Angleterre et enfin en France.

Le Greyhound
Un bolide

Il atteint 61 km/h en moins de 30 secondes, départ arrêté. C'est dire que l'animal est un bolide !

Star incontestée des cynodromes, le Greyhound, archétype du Lévrier, est le plus rapide des chiens. Il écrase tous ses adversaires (sauf, peut-être, le Whippet sur une longue distance) par sa vitesse de pointe stupéfiante. Une vitesse qui ne laisse aucune chance à sa proie : c'est la raison pour laquelle ce Lévrier est interdit de chasse en France depuis 1844.

Animal aérodynamique au « CX » idéal, il a été « fabriqué » puis « ciselé » au cours des siècles par les Anglais pour le « coursing », course de Lévriers derrière un lièvre vivant, déjà très prisé en Angleterre sous le règne d'Élisabeth Ire.

Aujourd'hui encore, les courses de Lévriers drainent des sommes d'argent considérables au point qu'une brigade spéciale de Scotland Yard veille constamment au bon fonctionnement des paris.

En France, le sport existe, sans toutefois provoquer le même engouement qu'outre-Manche. Moins sanguinaires, nos compatriotes organisent des « racing » par opposition au « coursing »; en effet, la poursuite du lièvre vivant étant interdite en France, ce sont des appâts mécaniques qui sont utilisés. La vitesse du leurre propulsé sur un rail est augmentée au cours de la course lorsque les chiens s'en approchent (la piste est longue de 600 mètres au plus).

Des lignes pures

On peut avoir des réserves sur les courses de Lévriers et se demander si l'appât du gain n'entraîne pas parfois des abus, mais il est vrai que ce chien est fait pour le mouvement. Le Greyhound, avec sa silhouette aux lignes pures et élancées, est toujours représenté en action, que ce soit sur des sculptures, des bas-reliefs égyptiens ou sur les flancs des fameux Bus Greyhound qui sillonnent l'Amérique.

Cela pour vous convaincre aussi qu'il existe des races qui ont été « fabriquées » pour une activité précise. Il est donc inutile de s'obstiner à prendre tel ou tel chien sans, d'abord, se convaincre qu'il nous faut faire des efforts pour que ce dernier ne soit pas victime d'une trop grande « compagnisation ». Un Greyhound ou autre Lévrier aime courir. Vous devez donc vous soumettre à l'entraînement dont il a besoin.

Lorsqu'un chien est particulièrement beau, et c'est le cas du Greyhound, on a tendance à le taxer d'un manque d'intelligence. Comme la plupart des Lévriers, celui-ci cache son intelligence derrière une certaine fierté et un absolu dédain de l'étranger. Une attitude qui peut irriter certains néophytes, mais qui subjugue les connaisseurs ; comme le roi David pour qui le Lévrier était un des êtres les plus agréables à regarder courir, avec le cheval et la femme !

Annexes

Liste des Associations de races affiliées à la S.C.C.

1er groupe : Chiens de Berger et de Bouvier

SOCIÉTÉ DU CHIEN DE BERGER ALLEMAND
M. Lévy : 20 *bis*, rue Lt.-Colonel-Girard, 69007 Lyon

CLUB FRANÇAIS DE BERGER BELGE
Dr Surget : 26 C, bd Victor-Hugo, 76260 Eu

SCHIPPERKES CLUB DE FRANCE
Mme Charneau : 28, rue Gabriel-Péri, 94240 L'Hay-les-Roses

CLUB DES AMIS DU COLLEY
Mme Odette Robigo : Chemin Molier, 78830 Bonnelles

ASSOCIATION FRANÇAISE DU BEARDED COLLIE
Mme Roser : 22, rue des Corporations, 57100 Thionville

ASSOCIATION FRANÇAISE DU BORDER COLLIE
M. Dominique Cornuet : 149, rue de Bercy, 75595 Paris Cedex 12

SHETLAND CLUB DE FRANCE
M. Michel Thébault : Hameau d'Ortignac, Luc, 65190 Tournay

WELSH CORGI ET BOBTAIL CLUB FRANÇAIS
Mme Lestienne : 51, rue d'Artois, 59000 Lille

CLUB LES AMIS DU BEAUCERON
(et Berger Hollandais)
M. René Sauvignac : rue du Prieuré, Beynost, 01700 Miribel

ASSOCIATION DU BERGER DE BRIE
Dr Charles Barety : 31, bd Matheron, Montolivet, 13012 Marseille

CLUB LES AMIS DU BERGER PICARD
M. Senécat : Montils, 17800 Pons

RÉUNION DES AMATEURS DE CHIENS PYRÉNÉENS
(et Berger Catalan, Mâtin des Pyrénées)
M. Mansençal : 25, rue Alexander-Fleming, « Bellevue », Urac, 65000 Tarbes

CLUB DES CHIENS DE BERGERS HONGROIS
(et différents Bergers de l'Est)
Mme Lestienne : 51, rue d'Artois, 59000 Lille

CLUB DU BOUVIER DES FLANDRES
M. Serge Shine : Chez Guillen, Louzac, 16100 Cognac

2e groupe : Chiens de type Pinscher et Schnauzer, Molossoïdes, Chiens de Bouvier Suisses

CLUB FRANÇAIS DU SCHNAUZER ET DU PINSCHER
M. Michel Hallier : « Les Mazues », Sainte-Thècle, 06440 Peillon-l'Escarène

DOBERMANN CLUB DE FRANCE
M. Striby : 31, rue de Village-Neuf, 68304 Saint-Louis

BOXER CLUB DE FRANCE
Me Bruno Sapin : 1, rue de la République, 69281 Lyon Cedex 01

CLUB DU BULLDOG ANGLAIS
M. Lacaud : 17, rue Pierre-Curie, 17300 Rochefort-sur-Mer

CLUB DU MASTIFF ET DU BULLMASTIFF
M. Colas : « Les Murêts », rue des Mazères, Le Cellier, 44850 Ligne

DOGGEN CLUB DE FRANCE
M. Alain Dubois : 29, rue de la Monnaie, 59800 Lille

SOCIÉTÉ DES AMATEURS DE DOGUES DE BORDEAUX
M. Michel Guignard : « Moulin de Ventes », Saint-Mathurin-sur-Loire, 49250 Beaufort-en-Vallée

CLUB DU MÂTIN NAPOLITAIN
M. Jean-Marc Dupuis : 33, rue des Bois, 59310 Faumont

CLUB FRANÇAIS DU ROTTWEILER
M. André Leblond : 4, rue des Charrons, 57580 Béchy-Rémilly

SHAR PEI CLUB DE FRANCE
Dr Yves Surget : 26C, bd Victor-Hugo, 76260 Eu

RÉUNION DES AMATEURS DE CHIENS PYRÉNÉENS
(et Berger Catalan, Mâtin des Pyrénées)
M. Mansençal : 25, rue Alexander-Fleming, « Bellevue », Urac, 65000 Tarbes

CLUB FRANÇAIS DU SAINT-BERNARD ET DOGUE DU TIBET
Mlle Brault : « La Tomière », Hameau des Fontaines, 27800 Brionne

CLUB FRANÇAIS DU LEONBERG
M. Guilbert : « Domaine du Chapitre », 6, rue de la Mésange, 76420 Bihorel

CLUB FRANÇAIS DU CHIEN DE TERRE-NEUVE
M. Roger Tétart : 16, impasse Saint-Jean, 02290 Vic-sur-Aisne

CLUB FRANÇAIS DES AMATEURS DE BOUVIERS SUISSES
M. Pionchon : Hameau de Vessieux, Reyrieux, 01600 Trévoux

3e groupe : Terriers

CLUB FRANÇAIS DE L'AIRDALE ET DIVERS TERRIERS
M. Parson : 5, av. du Verseau, 44700 Orvault

RÉUNION DES AMATEURS DE FOX-TERRIERS
Mme Pélissier : La Fontaine-en-Gemages, 61130 Bellême

JAGD TERRIER CLUB DE FRANCE
M. Albert Hammer : 9, rue du Nord, 67110 Oberbronn

CLUB DES AMATEURS DE TERRIERS D'ÉCOSSE
M. Deschamps : « La Harboudière », 27160 Condé-sur-Iton.

CLUB DU TERRIER DU YORKSHIRE
Mme Liliane Richard : 5, rue Prosper-Legouté, 92160 Antony

4e groupe : Teckels

CLUB DES AMATEURS DE TECKELS
M. Depoux : « Montsalard », Saint-Pardoux-le-Neuf, 23200 Aubusson

5e groupe : Chiens de type Spitz et de type Primitif

CLUB FRANÇAIS DES CHIENS NORDIQUES
Mme Monique Bartolozzi : « Devesset », Saint-Julien-en-Saint-Alban
07000 Privas

SIBERIAN HUSKY CLUB DE FRANCE (en stage d'affiliation)
M. Christian Leneuf : 12, chemin de Bourneuf, 45340 Nibelle

ALASKAN MALAMUTE CLUB DE FRANCE (en stage d'affiliation)
Dr Françoise Raust : 5, rue du Tunnel, 75019 Paris

CLUB FRANÇAIS DU SPITZ
Mme Delbes : 8, av. René-Coty, 75014 Paris

CHOW-CHOW CLUB FRANÇAIS
M. Daniel Favier : 1, rue de Levimpont, 91410 Saint-Cyr-sous-Dourdan

EURASIER CLUB DE FRANCE (en stage d'affiliation)
Mme Dufour-Lamartinie : « Villa du Point du Jour »,
47, av. du Bois-de-Cythère, 06000 Nice

6e groupe : Chiens courants

CLUB DU CHIEN D'ORDRE
M. Pierre Astie : Logis de la Grange, 86240 Fontaine-le-Comte

CLUB DU GRIFFON VENDÉEN
M. Renaud Buche : chemin de l'Ermitage, 27930 Huest

CLUB DU BASSET ARTÉSIEN NORMAND, DU CHIEN D'ARTOIS (et chien de Saint-Hubert)
M. Maurice Leblanc : La Selle-sur-le-Bled, 45210 Ferrières

CLUB FRANÇAIS DU BEAGLE, BEAGLE HARRIER, HARRIER
Dr Jacques Bourdon : « Roz Ar Lann », 15, rue Turgot, 22000 Saint-Brieuc

CLUB DE L'ANGLO-FRANÇAIS DE PETITE VÉNERIE
M. Rogeon : rue Émile-Fillon, 86160 Gençay

CLUB DU BLEU DE GASCOGNE, GASCON SAINTONGEOIS ET ARIÉGEOIS
M. Bachala : 82, av. Charles-de-Gaulle, 82000 Montauban

CLUB DU PORCELAINE
M. Frappier : « Château de la Touche », Queaux, 86150 L'Isle-Jourdain

CLUB DU FAUVE DE BRETAGNE
M. Bernard Vallée : « Le Menez Huel », Lassy, 35380 Guichen

CLUB DU GRIFFON NIVERNAIS
Dr Rousseau : « La Brande de Malicorne », 3, allée des Jonquilles, 03600 Commentry

CLUB DU BRUNO DU JURA ET CHIENS COURANTS SUISSES
M. Patrick Guénolé : Le Goascaer, 29228 Plougasnou

CLUB DU BASSET HOUND
M. Médard-Ringuet : 10, rue Vassal, 94100 Saint-Maur

7e groupe : Chiens d'arrêt

CLUB FRANÇAIS DU BRAQUE ALLEMAND
M. René Gerlet : route de Graye-sur-Mer, Sainte-Croix-sur-Mer, 14480 Creully

DRAHTHAAR CLUB DE FRANCE
M. de Clercq : 4, rue de Verdun, Gruson, 59152 Chereng

CERCLE DES AMATEURS DU BRAQUE DE WEIMAR
Dr Daniel Boulet : 6, rue E.-Galbrun, 94130 Nogent-sur-Marne

RÉUNION DES AMATEURS DE BRAQUE D'AUVERGNE
M. Claude Hugueny : 13, rue du Gal.-de-Gaulle, 57220 Boulay

CLUB DU BRAQUE DU BOURBONNAIS
M. Michel Comte : 385, av. Beauséjour, 83700 Saint-Raphaël

CLUB DU BRAQUE FRANÇAIS
Mme Ceriana : « Pin Vert », Clos Mireille, allée J.-Aicard, 13400 Aubagne

CLUB DU BRAQUE SAINT-GERMAIN
M. Maurice Hermel : « Le Coteau du Valais », Mervent, 85200 Fontenay-le-Comte

CLUB FRANÇAIS DU BRAQUE HONGROIS, « VIZSLA CLUB DE FRANCE »
M. de Clercq : 4, rue de Verdun, Gruson, 59152 Chereng

CLUB FRANÇAIS DE L'ÉPAGNEUL DE MUNSTER ET DU LANGHAAR
M. Ohl : « Les Violettes », 210, chemin des Costières, 30127 Bellegarde

CLUB DE L'ÉPAGNEUL PICARD, DU BLEU DE PICARDIE ET DE L'ÉPAGNEUL DE PONT-AUDEMER
M. Mongrenier : « Les Ronsières », 46600 Cazillac

CLUB DE L'ÉPAGNEUL BRETON
M. Henri-Xavier Guelou : Rumorvezen, 22970 Ploumagoar

CLUB DE L'ÉPAGNEUL FRANÇAIS
M. René Joyet : Saint-Michel-de-Montaigne, 24230 Vélines

CLUB DU GRIFFON D'ARRÊT POIL DUR KORTHALS
Dr Claude Rochebeuf : 41210 Neung-sur-Beuvron

POINTER CLUB DE FRANCE
M. Jean-Claude Darrigade : Étang Blanc, 40510 Seignosse-le-Penon

RED CLUB
M. Camille Michel : Hasselbach, 67160 Wissembourg

CLUB DU SETTER ANGLAIS
M. Jean-Marie Pilard : « La Macaille », Goven, 35580 Guichen

RÉUNION DES AMATEURS DE SETTERS GORDON
M. J.-P. Louis : 65, av. du 11-Novembre, 94210 La-Varenne-Saint-Hilaire

8e groupe : Chiens leveurs de gibier, rapporteurs et Chiens d'eau

RETRIEVER CLUB DE FRANCE (Labrador)
Mme de Saint-Fuscien : B.P. 24, 51390 Gueux

RHODESIAN RIDGEBACK CLUB (en stage d'affiliation)
Mme Robertson : « Les Cottencins », 45210 Chevry-sous-le-Bignon

SPANIEL CLUB FRANÇAIS
Dr J.-A. Lebrun : 80, rue du Maréchal-Leclerc, 50000 Saint-Lô

CLUB DU BARBET ET AUTRES CHIENS D'EAU
M. Hermans : Centre commercial du Poirier Baron, 95110 Sannois

9e groupe : Chiens d'agrément ou de compagnie

CLUB DES BICHONS ET DES PETITS CHIENS LIONS
Mme Gélineau : 45, rue de la Guignière, 36300 Le Blanc

CLUB FRANÇAIS DU CHIHUAHUA ET DU CHIEN EXOTIQUE
Mme Ostrach : Château de Mondétour, 95420 Magny-en-Vexin

CLUB DU CANICHE DE FRANCE
Mme Brestécher : 55, rue Traversière, 75012 Paris

CLUB DU GRIFFON BRUXELLOIS, BELGE, BRABANÇON
Mme Milon : 20, rue de la République, 94160 Saint-Mandé

CLUB DES CHIENS DU TIBET
Mme Dufour-Lamartinie : « Villa du Point du Jour »,
47, av. du Bois-de-Cythère, 06000 Nice

DALMATIEN CLUB FRANÇAIS
Mme Garaix : 8, av. Larcher, 78400 Chatou

CLUB DES ÉPAGNEULS NAINS ANGLAIS
(King Charles, Cavalier King Charles)
M. Jean-Claude Metans : « Villa Bel Air », 83660 Carnoules

CLUB DU PÉKINOIS ET DU JAPONAIS
Mme Suzanne Dereu : 181, chemin de Vaumarre, 06250 Mougins

CLUB FRANÇAIS DE L'ÉPAGNEUL NAIN CONTINENTAL
Mme Régine Gautier : 7, av. Constant-Coquelin, 75007 Paris

CLUB DU BOULEDOGUE FRANÇAIS
M. Fontana : 79, quai de Seine, 95530 La Frette-sur-Seine

CLUB DU BOSTON TERRIER ET DU CARLIN
Mme Péan : 34, rue des Blés-d'Or, 94440 Marolles-en-Brie

10e groupe : Lévriers et races apparentées

CLUB FRANÇAIS DES AMATEURS DE LÉVRIERS D'ASIE (Afghan et Persan)
M. Robert Grimberg : 6, rue d'Andilly, 95580 Margency

CLUB DU BARZOÏ (et Chart Polski « Lévrier Polonais », Magyar Agar)
M. Faure : 13, rue Adrien-Faure, 19100 Brive

RASSEMBLEMENT DES AMATEURS DE LÉVRIERS D'IRLANDE ET D'ÉCOSSE
M. Besson : « Le Barcelone », Bât. 5, 145, rue G.-Danvier, 34000 Montpellier

CLUB DES SLOUGHIS ET DES LÉVRIERS D'AFRIQUE (Basenji)
M. Francis Meunier : Lycée Pasteur, 151, bd Louise-Michel, 59490 Somain

CLUB DES AMATEURS DE GREYHOUND
M. Lelong : 208, Clos Saint-Julien, rue de Preuilly, 89000 Auxerre

CLUB FRANÇAIS DU PETIT LÉVRIER ITALIEN
Mme Tuma : 66, av. de Rambouillet, 78340 Clayes-sous-Bois

CLUB FRANÇAIS DU WHIPPET
M. Caruso : Rés. des Agassines, 31700 Aussonne, Cedex 3594

N.B. : cette liste a été établie par la Société Centrale Canine (S.C.C.) ; en cas de changement d'adresse, contacter la S.C.C. au 49.37.54.00 afin d'obtenir les nouvelles coordonnées.

Liste des grandes associations et refuges

FONDATION ASSISTANCE AUX ANIMAUX et ses refuges
23, avenue de la République
75011 PARIS
43.55.76.57

SOCIÉTÉ PROTECTRICE DES ANIMAUX et ses refuges
39, bd Berthier
75017 PARIS
43.80.40.66

CONFÉDÉRATION NATIONALE DES SOCIÉTÉS PROTECTRICES DES ANIMAUX et ses refuges
17, place Bellecour
69002 LYON
78.37.83.21

D'autres adresses de refuges en France

01 – AIN

S.O.S. ANIMAUX PAYS DE GEX
Rue Mourex
01170 GEX

Refuge de la Bichardière
01240 DOMPIERRE-SUR-VEYLE

02 – AISNE

Refuge du Vivier
Rue des Leups
02500 HIRSON

S.P.A.
Chemin de la Croix-de-Chivy
02000 LAON

03 – ALLIER

S.P.A.
Chemin des Bords
03700 BRUGHEAS

S.P.A.
35, rue de la Loue
03100 MONTLUÇON

04 – ALPES-DE-HAUTE-PROVENCE

Refuge Assistance aux Animaux
R.N. 100 de l'Hubaye
04400 SAINT-PONS-DE-BARCELONNETTE

05 – HAUTES-ALPES

S.P.A.
Route du Plan-d'Eau
Quartier Graviers
05400 VEYNES

S.P.A.
Le Chazal
Route des Maisons-Blanches
05100 BRIANÇON

06 – ALPES-MARITIMES

Refuge Assistance aux Animaux
Z.I.
1re avenue, 13e rue
06510 CARROS

Refuge « Lady Yule »
411, chemin du Refuge
06800 MOUGINS

07 – ARDÈCHE

Refuge de Lavilledieu
Quartier des Veaux
07170 LAVILLEDIEU

08 – ARDENNES

S.P.A.
Route de Renwez
08090 CLIRON

09 – ARIÈGE

Refuge « Les trois bornes »
09100 PAMIERS

S.P.A.
Route de Lacourt
09200 SAINT-GIRONS

10 – AUBE

S.P.A.
Route du départ de Baires
10140 ST-PARRES-AUX-TERTRES

Les amis des bêtes
60, rue du Grand-Véon
10000 TROYES

11 – AUDE

S.P.A.
14, avenue Georges-Clemenceau
11200 LÉZIGNAN-CORBIÈRES

S.P.A.
Route de Berriac
11000 CARCASSONNE

12 – AVEYRON

S.P.A. « L'Escale »
Route de Paulhe
12100 MILLAU

S.P.A.
Z.A. de la Bouysse
12500 ESPALION

13 – BOUCHES-DU-RHÔNE

Refuge du Réaltor
Route de Marignane-les-Milles
13000 AIX-EN-PROVENCE

Refuge Saint-Roch
Paroisse Saint-Paul-des-Olives
5, place Gravet
13013 MARSEILLE

14 – CALVADOS

Refuge Animal Augeron
La Vallée
14100 LISIEUX

S.P.A.
12, rue des Étangs
14490 BALLEROY

15 – CANTAL

Refuge de l'association des amis des bêtes du Cantal
Village de Limagne
15000 AURILLAC

16 – CHARENTE

Refuge de Bonbonnet
16130 ARS

S.P.A.
Les Mesniers
16600 MORNAC

17 – CHARENTE-MARITIME

Refuge La Descenderie
17140 LAGORD

S.P.A.
Bois Rullaud
17100 SAINTES

18 – CHER

S.B.P.A.
3, chemin des Vignes-de-Chappe
18000 BOURGES

19 – CORRÈZE

S.P.A.
Tulle Chameyrat
19150 LAGUENNE

Refuge de Perbousie
Route de Lissac
19100 BRIVE

20 – HAUTE-CORSE

Refuge « Santorio »
Route de la Ville
Cité des Oliviers
20200 BASTIA

21 – CÔTE-D'OR

Refuge de Jouvence
Route de Val-Suzon
21380 MESSIGNY-ET-VANTOUX

S.P.A.
5, chemin des Cailloux
21000 DIJON

22 – CÔTES-D'ARMOR

S.P.A.
Crissouet
22550 PLÉBOULÉ

Refuge « La Briochine »
Chemin des Courses
22000 SAINT-BRIEUC

23 – CREUSE

Refuge du Clocher
Clocher
23000 GUÉRET

24 – DORDOGNE

Sauvegarde et protection des animaux
Route de Liorac
24100 BERGERAC

S.P.A.
Saut Chevalier
24430 MARSAC-SUR-L'ISLE

25 – DOUBS

Refuge de Chalezeule
Comté Belfort
25220 ROCHE-LES-BEAUPRÉ

26 – DRÔME

A.S.P.A.
Route de Romans
26000 VALENCE

Refuge Assistance aux animaux
26100 BÉRAUDS

27 – EURE

Sauvegarde animalière Risle Seine
Route de Montfort
27290 APPEVILLE-ANNEBAULT

S.P.A.
Rue de la Censurière
27000 ÉVREUX

28 – EURE-ET-LOIR

Refuge « Les Acacias »
Mondonville
28300 AMILLY

29 – FINISTÈRE

Refuge Pierre Le Quenne
35, allée Denis-Papin
29000 QUIMPER

S.P.A.
Trohonan
29780 PLOUHINEC

30 – GARD

Refuge des Sources
Route d'Arles
30127 BELLEGARDE

S.P.A. de Vallerargues
30580 LUSSAN

31 – HAUTE-GARONNE

S.P.A.
Impasse Ducrocq
31000 TOULOUSE

32 – GERS

Refuge « Au Mouréous »
Route de Pessan
32000 PESSAN

33 – GIRONDE

S.P.A.
19, rue des Frères-Bonie
33000 BORDEAUX

S.P.A. du Libournais
Le Petit-Champs
33660 SAINT-SAUVEUR-DE-PUY-NORMAND

34 – HÉRAULT

S.P.A.
Ancienne route de Bédarieux
34500 BÉZIERS

Refuge La Barthe
34660 COURNONTERRAL

35 – ILLE-ET-VILAINE

Refuge « Les Loges de la Morinais »
35750 IFFENDIC

Refuge « Les communs de Chanteloup »
Route des Eaux
35500 VITRÉ

36 – INDRE

Refuge des Rosiers
36130 MONTIERCHAUME

37 – INDRE-ET-LOIRE

Refuge « Mme Roger Butet »
Malitourne
37230 LUYNES

38 – ISÈRE

Assistance aux animaux
Mas Gerbey
38121 CHONAS-L'AMBALLAN

S.P.A.
Z.A. de la Vallée
38140 RENAGE

39 – JURA

S.P.A.
35, place Pointelin
39100 DOLE

S.P.A.
21, rue du Soleil-Levant
39100 FOUCHERANS

40 – LANDES

S.P.A.
Avenue Canenx
40000 MONT-DE-MARSAN

S.P.A.
Route Castets
40990 SAINT-PAUL-LES-DAX

42 – LOIRE

S.P.A.
52, rue Florent-Évrard
42100 SAINT-ÉTIENNE

S.P.A.
7 *bis*, avenue du Polygone
42300 ROANNE

43 – HAUTE-LOIRE

S.P.A.
81, rue des Farges
43000 LE PUY

S.P.A.
Pont-des-Bois
43100 BRIOUDE

44 – LOIRE-ATLANTIQUE

S.P.A.
La Trémouille
44470 CARQUEFOU

45 – LOIRET

Refuge « Le Moulin d'en Haut »
Rue de la Gare
45170 CHILLEURS-AUX-BOIS

S.P.A.
La Fontaine
45500 GIEN

46 – LOT

Domaine de la Rouquette
46800 LE BOULVE

Société de défense des animaux
Route de Toulouse
46000 CAHORS

47 – LOT-ET-GARONNE

Chenil-refuge départemental
Gebra
47160 CAUBEYRES

S.P.D.A. de la Vallée du Dropt
La Vignotte
47210 DEVILLAC

48 – LOZÈRE

S.O.S. ANIMAUX
B.P. 14
48400 FLORAC

49 – MAINE-ET-LOIRE

Refuge de la Baumette
Promenade de la Baumette
49000 ANGERS

Refuge de la Rose
Carrière Maffron
49700 DOUÉ-LA-FONTAINE

50 – MANCHE

S.P.A.
Avenue de l'Amiral-Lemonnier
50100 CHERBOURG

51 – MARNE

Refuge Charlotte Even
Chemin du Platier
51000 FAGNIÈRES

Association rémoise des Amis des Bêtes
Domaine de Belle-Croix
51370 ORMES

52 – HAUTE-MARNE

S.P.A.
Chemin Bois-l'Abbesse
52100 SAINT-DIDIER

A.D.P.A.
Rue du Général-de-Gaulle
52330 COLOMBEY-LES-DEUX-ÉGLISES

53 – MAYENNE

Refuge « La Riverie »
Z.I. des Touches
53000 LAVAL

54 – MEURTHE-ET-MOSELLE

Refuge du Mordant
Route de Villey-Saint-Étienne
54200 TOUL

S.P.A.
Ferme Fourasse
54770 AMANCE

55 – MEUSE

Refuge de Cathy
C.D. 185
55000 FAINS-VEEL

56 – MORBIHAN

S.P.A.
« Kercavès »
56260 LARMOR-PLAGE

Refuge « Bois de Trémelin »
56650 INZINZAC-LOCHRIST

57 – MOSELLE

S.P.A.
Rue Saint-Guy
57600 FORBACH

S.P.A.
Rue Sainte-Barbe
57200 SARREGUEMINES

58 – NIÈVRE

Refuge de Thiernay
La Fermeté
58160 IMPHY

Refuge du Beauregard
Route de Bourgogne
58000 SAINT-ÉLOI

59 – NORD

Société de défense des animaux
11, route Nationale
59400 ESTOURMEL

L.P.A.
Rue Bargues
59000 LILLE

60 – OISE

Chenil « L'Abri »
Saint-Claude
60250 BURY

S.P.A.
2, avenue de l'Armistice
60200 COMPIÈGNE

61 – ORNE

Refuge de la Bigottière
Le Carré
61170 ST-JULIEN-SUR-SARTHE

62 – PAS-DE-CALAIS

Refuge du Moulin Wiber
Chemin de l'Octroi
62930 WIMEREUX

L.P.A.
Chemin Vert-Fort-Nieurlay
62100 CALAIS

63 – PUY-DE-DÔME

Association protectrice des animaux
53, rue Pré-de-la-Reine
63000 CLERMONT-FERRAND

64 – PYRÉNÉES-ATLANTIQUES

S.P.A.
Quartier Berlanne
64160 MORLAAS

Refuge de Bachefores
Route d'Urt
64100 BAYONNE

65 – HAUTES-PYRÉNÉES

S.P.A.
Chemin du Chenil
65000 TARBES

66 – PYRÉNÉES-ORIENTALES

S.P.A.
Route de Prades
66000 PERPIGNAN

67 – BAS-RHIN

S.P.A.
45, route du Rhin
67100 STRASBOURG

S.P.A.
40, rue de l'Hermitage
67700 SAVERNE

68 – HAUT-RHIN

S.P.A.
66, chemin des Maquisards
68000 COLMAR

S.P.A.
81, bd de La Marseillaise
68200 MULHOUSE

69 – RHÔNE

S.P.A.
Rue Industrie
69530 BRIGNAIS

S.P.A.
23, rue du Professeur-Weill
69006 LYON

70 – HAUTE-SAÔNE

Refuge Saint-Adrien
Route de Besançon
70100 GRAY

L'Arche de Noé
Au Village
70000 DAMPVALLEY-LES-COLOMBE

71 – SAÔNE-ET-LOIRE

Refuge de la Maladière
71400 AUTUN

S.P.A.
Rue de Nancy
71300 MONTCEAU-LES-MINES

72 – SARTHE

S.P.A.
8, rue François-Monier
72100 LE MANS

L.D.A.
Domaine de Gueuzay
72190 NEUVILLE-SUR-SARTHE

73 – SAVOIE

S.P.A.
744, route de Montagny
73000 CHAMBÉRY

74 – HAUTE-SAVOIE

S.P.A.
Le Peney
74270 MARLIOZ

Refuge d'Arthaz
74380 ARTHAZ-PONT-NOTRE-DAME

76 – SEINE-MARITIME

S.P.A.
7 *bis*, avenue Jacques-Chastellain
Île Lacroix
76100 ROUEN

S.P.A.
Rue Boscrocourt
76560 ÉTALONDES

77 – SEINE-ET-MARNE

Refuge Assistance aux animaux
8, rue des Plantes
77410 VILLEVAUDE

S.P.A.
Hameau Fermiers
77120 GIREMOUTIERS

78 – YVELINES

S.P.A.
Buchelay
78200 MANTES-LA-JOLIE

S.P.A.
C.D. 134
Bois de Sainte-Appoline
78370 PLAISIR

79 – DEUX-SÈVRES

S.P.A.
24, rue Anatole-France
79400 SAINT-MAIXENT

S.P.A.
84, rue du Rempart
79000 NIORT

80 – SOMME

S.P.A.
Rue des Aubivats
80200 POULAINVILLE

Oisemont Protection Animale
24, rue Jean-Jaurès
80140 OISEMONT

81 – TARN

Association Secours aux Animaux
81200 AUSSILLON

82 – TARN-ET-GARONNE

Refuge Le Rassier
82000 MONTAUBAN

83 – VAR

Brigade de Défense animale
Quartier Pont-d'Argens
83340 LE THORONET

S.P.A.
Route de Camps-la-Source
83170 BRIGNOLES

84 – VAUCLUSE

Refuge du Petit Pigeolet
84800 L'ISLE-SUR-LA-SORGUE

S.P.A.
Route de Roquemaure
84100 ORANGE

85 – VENDÉE

S.P.A. des Olonnes
Les Petites-Prises
85100 CHÂTEAU-D'OLONNE

Refuge Saint-François
Chemin de la Colinerie
85400 LUÇON

87 – HAUTE-VIENNE

Refuge du Mas du Loup
Route de Nieul
87270 COUZEIX

88 – VOSGES

A.S.P.A.
741, avenue Georges-Clemenceau
88800 VITTEL

S.P.A.
276, rue Saint-Jacques
88270 DOMPAIRE

89 – YONNE

S.P.A.
B.P. 344
89006 AUXERRE CEDEX

Refuge de l'Aday
89260 LA CHAPELLE-SUR-OREUSE

90 – TERRITOIRE DE BELFORT

S.P.A.
Porte de Vallon
90000 BELFORT

91 – ESSONNE

Refuge de Montgeron
Route de Corbeil
91230 MONTGERON

92 – HAUTS-DE-SEINE

Refuge de Grammont
30, avenue du Général-de-Gaulle
92230 GENNEVILLIERS

95 – VAL-D'OISE

Refuge de Magny-en-Vexin
17, rue Octave-Toussaint
95420 MAGNY-EN-VEXIN

9719 GUADELOUPE

S.P.A.
55, rue des Hibiscus
Raizet
97139 AMYMES

9749 LA RÉUNION

S.P.A.
B.P. 971
97479 SAINT-DENIS CEDEX

POLYNÉSIE FRANÇAISE

S.P.A.
B.P. 3556
PAPEETE – POLYNÉSIE FRANÇAISE

Conseils juridiques

Les papiers d'un chien de race

Quatre documents, dont trois doivent être remis simultanément, interviennent dans toute transaction concernant un chien de race :

- L'attestation de vente signée par le vendeur et l'acheteur (remplacée par un certificat de donation signé des deux parties, si l'animal est offert gracieusement).
- La carte d'immatriculation par tatouage au fichier central des animaux de l'espèce canine.
- Le certificat de naissance, si le chien n'est pas encore confirmé.
- Le pedigree, si le chien a été confirmé.

Les deux premiers documents accompagnent le transfert (vente ou donation) de tout chien, qu'il soit de race ou non.

Les deux autres documents concernent les seuls chiens de race. Ils attestent de leur inscription au « L.O.F. » (Livre des origines françaises), cette inscription constituant le seul témoignage de la reconnaissance officielle de leur qualité de chien de race.

Bien entendu, les services de la Société centrale canine se tiennent à la disposition de tous ceux qui désirent obtenir des renseignements complémentaires.

Il est possible de les consulter par lettre, par téléphone ou sur place.

L'attestation de vente

Toute personne vendant un chien doit obligatoirement remettre à l'acquéreur une attestation de vente (Décret n° 75-282 du 21 avril 1975).

Cette attestation signée du vendeur et de l'acquéreur doit mentionner :

— la date de la vente et de la livraison,
— l'identité de l'animal,
— le prix de vente,
— le nom et l'adresse du ou des vétérinaires choisis par les deux parties

pour assurer le diagnostic en cas de maladie de Carré ou hépatite contagieuse.

Au cas où le vendeur ne serait pas encore en possession du certificat de naissance, l'acquéreur est en droit d'exiger qu'il consigne sur l'attestation de vente le numéro du dossier en cours de traitement à la S.C.C. et son engagement à remettre le certificat de naissance à l'acquéreur dès qu'il l'aura reçu de la S.C.C.

De l'importance du tatouage

Vous ne pouvez ignorer l'obligation du tatouage et de la vaccination en vigueur dans les trente-sept départements officiellement atteints par la rage.

Un nouvel article est inséré dans le code rural (Art. 276-2 institué par la loi du 22 juin 1989).

« Tous les chiens (et chats) faisant l'objet soit d'un transfert de propriété à titre onéreux, soit d'une cession à titre gratuit par une association ou une fondation de protection des animaux doivent être, à la diligence du vendeur ou du donateur, préalablement identifiés par tatouage ou par tout autre procédé agréé par le ministre chargé de l'Agriculture, selon les modalités fixées par décret en Conseil d'État.

Dans les territoires (atteints par la rage), tous les chiens (et les chats) faisant l'objet d'un transfert de propriété, à quelque titre que ce soit, doivent être identifiés selon les modalités prévues à l'alinéa précédent. À compter du 1er janvier 1992, tous les chiens (et les chats) faisant l'objet d'un transfert de propriété, à quelque titre que ce soit, doivent être identifiés. »

Divagation interdite

C'est l'article 213 du code rural (complété par la loi du 22 juin 1989) qui interdit la divagation des chiens. Un décret du Conseil d'État doit fixer le montant des amendes.

« Est considéré comme étant en état de divagation tout chien qui, en dehors d'une période de chasse ou de la garde d'un troupeau, n'est plus sous la surveillance effective de son maître, se trouve hors de portée de voix de celui-ci ou de tout instrument sonore permettant son rappel, ou qui est éloigné de son propriétaire ou de la personne qui en est responsable d'une distance dépassant *cent mètres.* »

Aux maires d'interdire la divagation sur leur commune.

« Ils peuvent ordonner que ces animaux soient tenus en laisse et que les chiens soient muselés. Ils prescrivent que les chiens (et les chats) errants et tous ceux qui seraient saisis sur la voie publique, dans les champs ou dans les bois, seront conduits à la fourrière... »

« Les propriétaires, locataires, fermiers ou métayers ont le droit de saisir ou de faire saisir par un agent de la force publique les chiens (et les chats) que leurs maîtres laissent divaguer dans les propriétés privées. »

Gare aux bruits

L'aboiement fait partie des causes de nuisance et des troubles de voisinage. Il faut savoir que des textes de loi réglementent cet état de fait.

Selon l'article 1385 du code civil, vous êtes responsable des dommages ou préjudices provoqués par le chien dont vous êtes le maître ou dont vous avez la garde.

Si vous êtes sous le coup d'une plainte portée contre vous par des voisins, à eux d'apporter la preuve de ce qu'ils avancent ; à vous de vous défendre et de faire la preuve contraire avec constats d'huissier et témoignages d'autres voisins.

Si votre chien aboie trop souvent, si la plainte est recevable, vous risquez une amende de 600 à 1 300 francs, de 1 300 à 2 500 francs en cas de récidive et/ou cinq jours de prison au maximum (circulaire du 7 juin 1989 relative à la lutte contre le bruit).

La loi du 7 juillet 1970 autorise le locataire d'un logement à avoir un chien à condition qu'il ne « cause aucun dégât à l'immeuble et aucun trouble de jouissance aux occupants de celui-ci ».

TABLE DES MATIÈRES

Achevé d'imprimer en octobre 1991
sur presse CAMERON,
dans les ateliers de la S.E.P.C.
à Saint-Amand-Montrond (Cher)
pour le compte des éditions Robert Laffont
6, place Saint-Sulpice - 75279 Paris Cedex 06

Dépôt légal : novembre 1991.
N° d'édition : 33681. N° d'impression : 2719-1604.